La puesta en marcha sin código: Cree y valide rápidamente ideas de inicio

Escrito por Daniel Carr
Publicado por Cornell-David Publishing House

Índice

3

5

7

9

1. Introducción: el poder de los MVP sin código

1.1 Adoptar la revolución sin código para el desarrollo rápido de MVP

El mundo del emprendimiento ha evolucionado dramáticamente en los últimos años, con la era digital brindándonos una amplia gama de herramientas y recursos para hacer realidad nuestras ideas de manera más rápida y eficiente que nunca. Ingrese al reino de las herramientas sin código: una nueva ola de aplicaciones de software que permite a las personas sin conocimientos técnicos, como empresarios y diseñadores, hacer realidad sus ideas de inicio sin tener que depender del desarrollo de software tradicional.

Pero, ¿qué es exactamente lo que hace que los MVP (Productos Mínimos Viables) sin código sean tan poderosos y cómo pueden ayudar a los empresarios en ciernes de hoy en día a validar sus ideas rápidamente y avanzar hacia la adecuación del producto al mercado? En esta sección, exploraremos los beneficios de las plataformas sin código, los principios básicos detrás de los MVP y cómo la combinación de los dos puede impulsar su idea de inicio al siguiente nivel.

1.1.1 Rompiendo las Barreras de Entrada

Uno de los obstáculos más importantes a los que se enfrentan las empresas emergentes en crecimiento es la presión de contratar un equipo técnico, incluidos desarrolladores e ingenieros, para dar vida a sus ideas de productos digitales. No solo es costoso contratar desarrolladores experimentados, sino que el proceso de reclutamiento, investigación e incorporación de talentos de desarrollo puede llevar mucho tiempo y recursos.

Por el contrario, las plataformas sin código otorgan a los empresarios la capacidad de crear MVP funcionales simplemente arrastrando y soltando formularios, elementos de diseño y otros componentes preconstruidos, todo sin escribir una sola línea de código. Al eliminar la complejidad del desarrollo de software tradicional, las herramientas sin código ponen la creación de productos al alcance de cualquier persona con visión y espíritu emprendedor.

1.1.2 Enfatizando la velocidad y la flexibilidad

El éxito de una startup a menudo depende de la capacidad de iterar rápidamente, aprender de los comentarios de los usuarios y girar en respuesta a las condiciones cambiantes del mercado. Tradicionalmente, este proceso podía llevar meses, si no años, ya que los equipos de desarrolladores codificaban manualmente cada nueva característica o mejora. Sin embargo, un MVP sin código le permite agilizar el proceso de desarrollo y priorizar la velocidad y la flexibilidad.

Al aprovechar el poder de las herramientas sin código, puede crear rápidamente un prototipo funcional de su producto digital, recopilar comentarios de los usuarios y realizar cambios o adiciones en consecuencia. Este enfoque le permite mantenerse ágil y receptivo a las condiciones cambiantes del mercado o a los avances tecnológicos, lo que ayuda a mantener su puesta en marcha a la vanguardia.

1.1.3 Crear espacio para la experimentación

En el mundo de las nuevas empresas, las ideas son como semillas, a veces se convierten en empresas exitosas, a veces se marchitan. Con el movimiento sin código, los empresarios pueden ser más aventureros en su experimentación, explorando múltiples MVP potenciales simultáneamente o cambiando rápidamente sus ideas a medida que recopilan comentarios de los usuarios y comprenden mejor el panorama en evolución.

El tiempo y el costo reducidos asociados con el desarrollo de MVP sin código significa que puede permitirse asumir más riesgos y potencialmente descubrir un verdadero cambio de juego que habría permanecido sin explorar en un entorno de desarrollo más tradicional.

1.1.4 Democratizando la Innovación

La revolución sin código nivela el campo de juego para los aspirantes a emprendedores e innovadores, ofreciendo un entorno más inclusivo para cualquier persona con una gran idea para dejar su huella. Anteriormente, los aspirantes a emprendedores que carecían de habilidades técnicas se enfrentaban a una desventaja significativa a la hora de llevar sus productos digitales al mercado. Sin embargo, con el auge de las herramientas sin código, estas personas ahora pueden perseguir sus sueños sin necesidad de tener experiencia en programación.

Esta democratización de la innovación está dando lugar a una gama más diversa de productos digitales que se adaptan a diferentes mercados, lo que en última instancia beneficia tanto a las empresas emergentes como a los consumidores.

1.1.5 Aprendiendo los principios del desarrollo de MVP sin código

A medida que continúe en este viaje de MVP sin código, descubrirá los principios y estrategias fundamentales para utilizar estas poderosas herramientas y plataformas en su máximo potencial. Usando ejemplos del mundo real y estudios de casos, ilustraremos cómo se pueden usar herramientas sin código para crear MVP sólidos que atraigan la atención de clientes e inversores por igual. Aprenderá a identificar las funciones principales, validar las experiencias de los usuarios y optimizar su MVP para lograr el éxito.

Al final, la combinación de poderosas herramientas sin código y una sólida comprensión del proceso de desarrollo de MVP le brindarán las habilidades necesarias para lanzar sus ideas de inicio en el ámbito digital y, en última instancia, cambiar la trayectoria de su viaje empresarial.

1.1 Adoptar el movimiento sin código

En el vertiginoso mundo digital actual, los empresarios e innovadores buscan constantemente formas de desarrollar, probar e iterar sus ideas rápidamente. El enfoque tradicional de invertir tiempo y recursos significativos en el desarrollo de soluciones de software personalizadas desde cero no solo requiere mucho tiempo y es costoso, sino que también

18

conlleva un alto riesgo de falla debido a desafíos y suposiciones imprevistos.

Ingrese al "Movimiento sin código": un nuevo enfoque innovador para crear y validar productos mínimos viables (MVP) rápidamente, con poco o ningún conocimiento de codificación. Este movimiento está impulsado por el surgimiento de potentes plataformas y herramientas sin código que permiten a los usuarios no técnicos crear aplicaciones web y móviles completamente funcionales, utilizando interfaces visuales y componentes prediseñados.

En esta sección, exploraremos los beneficios clave de los MVP sin código y cómo empoderan a las nuevas empresas e innovadores para que hagan realidad sus ideas sin la necesidad de contar con grandes habilidades técnicas o recursos. También hablaremos sobre las diversas herramientas y plataformas sin código disponibles, y brindaremos orientación sobre cómo elegir la opción más adecuada para sus necesidades específicas.

1.1.1 Tiempo de comercialización más rápido

Una de las razones más convincentes para usar MVP sin código es su potencial para reducir drásticamente el tiempo que lleva llevar un producto al mercado. Al aprovechar los componentes prediseñados y los entornos de desarrollo visual, puede crear e implementar rápidamente aplicaciones funcionales en cuestión de semanas o incluso días, a diferencia de los meses o años que llevaría con el desarrollo personalizado.

Este tiempo de comercialización más rápido significa que puede poner sus ideas en manos de los usuarios rápidamente, recopilar comentarios valiosos e iterar rápidamente en respuesta a los conocimientos de los usuarios del mundo real. Esta agilidad es esencial para las nuevas empresas que buscan establecerse en mercados competitivos, donde cada segundo cuenta y ser el primero en comercializar una solución innovadora puede hacer o deshacer su negocio.

1.1.2 Menores costos y requisitos de recursos

El costo del desarrollo de software personalizado puede ser asombroso, especialmente para las nuevas empresas y las pequeñas empresas con presupuestos limitados. Al eliminar la necesidad de contratar desarrolladores costosos o invertir en conjuntos de habilidades técnicas especializadas, los MVP sin código reducen significativamente los costos iniciales y los requisitos de recursos.

Las plataformas sin código ofrecen planes de suscripción asequibles o modelos de precios de pago por uso, lo que hace factible que las empresas de todos los tamaños accedan a potentes herramientas de desarrollo sin arruinarse. Además, la complejidad de codificación reducida facilita el mantenimiento y la actualización de su MVP, lo que reduce aún más los costos a largo plazo y garantiza que su producto siempre se mantenga actualizado.

1.1.3 Democratización de la Innovación

Uno de los aspectos más transformadores del movimiento sin código es la democratización del desarrollo de aplicaciones, lo que permite a personas de diversos orígenes y con diferentes conocimientos técnicos crear y lanzar sus propios productos. Al eliminar las barreras técnicas de entrada, los MVP sin código permiten a un grupo más amplio de innovadores experimentar, validar e iterar sus ideas, creando más posibilidades para soluciones innovadoras.

Esta libertad creativa recién descubierta fomenta un panorama más inclusivo y diverso para la innovación, donde las mejores ideas pueden llegar a la cima, independientemente de la destreza técnica del creador. Por lo tanto, el movimiento sin código tiene un potencial inmenso para desbloquear talento sin explotar e impulsar cambios significativos en varias industrias.

1.1.4 Experimentación e iteración

Con la capacidad de implementar y probar rápidamente los MVP sin código, los emprendedores ahora pueden adoptar una metodología lean startup y adoptar una cultura de experimentación. Las plataformas sin código simplifican la iteración de su MVP en respuesta a los comentarios de los usuarios o los cambios del mercado, lo que promueve un enfoque más adaptativo y basado en datos para el desarrollo de productos.

Esta mayor flexibilidad permite a las nuevas empresas refinar su propuesta de valor central, optimizar las experiencias de los usuarios y, en última instancia, impulsar el ajuste del producto al mercado, todo mientras minimiza el riesgo y el costo tradicionalmente asociado con pivotar o realizar actualizaciones significativas del producto.

1.1.5 Elección de la plataforma sin código adecuada

A medida que el movimiento sin código gana impulso, el mercado se llena de opciones, por lo que es esencial que las nuevas empresas evalúen cuidadosamente y elijan la plataforma adecuada para sus necesidades. Algunas plataformas populares sin código incluyen Bubble, Webflow, Adalo, Appgyver y Glide, entre otras.

Al comparar plataformas, tenga en cuenta factores como:

- Capacidades de la plataforma: ¿La plataforma admite la funcionalidad y la complejidad requeridas para su MVP?
- Opciones de integración: asegúrese de que la plataforma pueda conectarse con los servicios de terceros y las API que planea usar.
- Precios y escalabilidad: busque planes de precios asequibles y la capacidad de escalar su aplicación a medida que crece su negocio.
- Comunidad y soporte: busque plataformas con comunidades activas y recursos de soporte sólidos, que pueden ayudarlo a solucionar problemas y aprender las mejores prácticas.

En conclusión, el movimiento sin código tiene el potencial de alterar profundamente la forma en que las nuevas empresas y los innovadores construyen y validan sus ideas. Al adoptar MVP sin código, las empresas pueden acelerar el tiempo de comercialización, reducir costos, democratizar la innovación y fomentar una cultura de experimentación e iteración. A medida que se embarca en su viaje con MVP sin código, use los conocimientos y la orientación proporcionados en este libro para tomar decisiones informadas y prepararse para el éxito.

1.1 La era de la ausencia de código: adopción de una nueva forma de crear MVP

Cuando se trata de lanzar una startup exitosa, el tiempo es esencial. Todos los días surgen docenas de nuevas ideas y siempre existe el riesgo de que alguien ya esté trabajando en el mismo concepto. Además, los inversores y los clientes siempre están ansiosos por ver algo tangible que puedan evaluar, probar y usar para decidir si la puesta en marcha vale la pena su tiempo y recursos. Esto nos lleva al MVP, o Producto Mínimo Viable.

Tradicionalmente, crear un MVP implicaba contratar desarrolladores, escribir códigos, diseñar una interfaz de usuario y, a veces, incluso más. Esto no solo lleva una cantidad considerable de tiempo, sino que también requiere un presupuesto considerable. Pero, ¿qué pasa si hay una manera de eludir estos procesos costosos y que consumen mucho tiempo? Entra en el mundo de los MVP sin código.

Las herramientas sin código se han vuelto cada vez más populares como una alternativa más rápida, más eficiente y menos costosa a los métodos tradicionales de desarrollo de aplicaciones. Estas herramientas permiten a los fundadores e incluso a los empresarios no técnicos agilizar el proceso de creación de un MVP, lo que les permite validar sus ideas y compartirlas con el mundo lo más rápido posible.

1.1.1 MVP sin código: ¿qué es exactamente?

En términos simples, un Producto Mínimo Viable (MVP) sin código es una iteración en etapa inicial de un producto o solución, creado utilizando herramientas y plataformas sin código. Los MVP sin código permiten a los fundadores crear aplicaciones sin escribir una sola línea de código. En cambio, estas plataformas ofrecen la funcionalidad de arrastrar y soltar, editores visuales de creación de aplicaciones y plantillas prediseñadas que ayudan a los fundadores a crear y personalizar sus productos en cuestión de horas o días.

1.1.2 Las ventajas: ¿Por qué no codificar?

1. **Velocidad** : las herramientas y plataformas sin código ofrecen un nivel de velocidad sin precedentes para el proceso de desarrollo de MVP. Los emprendedores pueden validar sus ideas y llevarlas al mercado en una fracción del tiempo que les tomaría usar métodos de desarrollo tradicionales.
2. **Costos reducidos** : la tecnología sin código elimina la necesidad de una infraestructura y un desarrollo de software costosos, lo que permite a los fundadores ahorrar una cantidad significativa en sus presupuestos. El auge de las plataformas sin código ha hecho posible incluso que las empresas emergentes construyan sus MVP sin arruinarse.
3. **Colaboración y flexibilidad** : las plataformas sin código permiten un entorno más colaborativo y flexible, lo que permite que los equipos multifuncionales trabajen en un MVP en paralelo. Los gerentes de productos, diseñadores, vendedores y desarrolladores pueden iterar juntos, compartir comentarios y modificar el producto según sea necesario.
4. **Empoderar a los fundadores no técnicos** : uno de los mayores cambios de juego del movimiento sin código es que democratiza la oportunidad de dar vida a una idea. Los fundadores que carecen de habilidades técnicas ahora pueden crear MVP para

su negocio sin depender de un desarrollador o cofundador técnico.

5. **Fácil escalado y modificación** : las plataformas sin código generalmente vienen con integraciones integradas que facilitan el escalado. A medida que su MVP evoluciona, es sencillo agregar funciones, modificar las existentes e integrar herramientas y servicios adicionales, para adaptarse a las demandas crecientes y en constante cambio de su startup.

1.1.3 Principales herramientas y plataformas sin código que debe conocer

Hay una gran cantidad de herramientas y plataformas sin código disponibles en la actualidad, y surgen más todo el tiempo. Aquí hay un resumen rápido de algunas plataformas sin código populares, que se destacan en diferentes áreas:

1. **Webflow** : Webflow es una poderosa plataforma para diseñar y lanzar sitios web receptivos sin escribir ningún código. Permite a los usuarios crear diseños de sitios web personalizados, visualmente atractivos y de alta calidad desde cero.
2. **Bubble** : Bubble es una plataforma popular para crear aplicaciones web a través de una sencilla interfaz de arrastrar y soltar. Cuenta con un editor visual y una amplia biblioteca de complementos que pueden ayudarlo a crear aplicaciones web complejas y ricas sin escribir ningún código.
3. **Appgyver** : esta plataforma permite a los usuarios crear aplicaciones móviles, de escritorio y web utilizando una interfaz visual receptiva, junto con una amplia variedad de integraciones y funcionalidades.
4. **Zapier** : Zapier es una herramienta de automatización que conecta varias aplicaciones y servicios sin necesidad de ningún código personalizado. Es

fundamental para crear flujos de trabajo automatizados y activadores entre plataformas, lo que facilita la integración y la gestión de datos en múltiples aplicaciones.

5. **Airtable** : Airtable es una herramienta de base de datos flexible y fácil de usar que le permite crear bases de datos personalizadas, administrar hojas de cálculo y conectarse con otras herramientas en su pila, todo sin necesidad de conocimientos de codificación.

1.1.4 Listo, listo, listo: cómo crear su primer MVP sin código

La creación de un MVP sin código requiere un proceso reflexivo en el que traza su idea, la divide en componentes más pequeños y organiza estos componentes de la manera que mejor se adapte a su experiencia de usuario prevista. Los siguientes pasos pueden guiarlo a través de este proceso:

1. **Definir** : Defina claramente el problema que busca resolver e identifique a su público objetivo. Esto lo ayudará a garantizar que su MVP satisfaga las necesidades e intereses de sus clientes potenciales.
2. **Investigación** : Analice a su competencia y evalúe el panorama de su industria, esto le proporcionará información sobre las funciones imprescindibles para su MVP y mostrará la propuesta de valor única que lo diferenciará de las soluciones existentes.
3. **Bosquejo** : haga una lluvia de ideas y esboce los principales flujos de usuario y esquemas para su MVP. Esto lo ayudará a visualizar el viaje del usuario, organizar sus pensamientos e ideas y asegurarse de que está creando una solución centrada en el usuario.

4. **Seleccione** : elija las herramientas y plataformas sin código adecuadas que mejor se adapten a los requisitos de su MVP. Es posible que deba mezclar y combinar diferentes servicios para cubrir todas sus necesidades de manera efectiva.
5. **Construya** : use las plataformas seleccionadas para crear su MVP, teniendo cuidado de cumplir con las funciones y los flujos de usuarios definidos anteriormente en el proceso. Pruebe la solución sobre la marcha para eliminar cualquier problema potencial.
6. **Iterar** : tan pronto como su MVP esté activo, recopile los comentarios de los usuarios, itere su solución y ajuste su oferta en función de los conocimientos que obtenga. La capacidad de iterar rápida y fácilmente es uno de los beneficios esenciales de los MVP sin código.

En conclusión, aprovechar el poder de los MVP sin código puede conducir al éxito en el vertiginoso mundo de las empresas emergentes. El tiempo y los recursos ahorrados, las iteraciones rápidas y la escalabilidad perfecta, y la capacidad de los fundadores no técnicos para dar vida a sus ideas apuntan al futuro: la era sin código.

El poder de los MVP sin código

Por qué todo emprendedor necesita un MVP sin código

En el panorama empresarial hipercompetitivo y vertiginoso de hoy, los aspirantes a empresarios a menudo se enfrentan a un dilema. Tienen una idea que podría cambiar el mundo para un producto o servicio, pero carecen de los recursos necesarios, en particular el tiempo y la experiencia técnica, para darle vida.

Introduzca el Producto Mínimo Viable (MVP) sin código. Con la ayuda de las plataformas sin código, cualquier persona, independientemente de sus habilidades de codificación, ahora puede crear potentes soluciones digitales adaptadas a sus necesidades únicas, todo sin tocar una sola línea de código.

En esta sección, exploraremos el concepto fundamental de los MVP sin código y discutiremos las numerosas ventajas que los convierten en una herramienta indispensable para los empresarios de hoy. Desde velocidad y flexibilidad hasta rentabilidad y aprendizaje continuo, esta nueva generación de MVP ofrece beneficios invaluables, especialmente para empresas emergentes con recursos limitados y plazos exigentes.

Definición de productos mínimos viables sin código

Antes de profundizar en las ventajas de los MVP sin código, echemos un vistazo rápido a los dos conceptos clave de esta ecuación: MVP y desarrollo sin código.

- **Producto mínimo viable (MVP)** : un MVP es una versión de un nuevo producto con las características mínimas requeridas para capturar las funcionalidades principales y las propuestas de valor mientras atrae a los primeros usuarios. Esta versión simplificada del producto permite a las nuevas empresas probar las aguas, recopilar comentarios de los usuarios e iterar en función de decisiones basadas en datos, todo sin gastar recursos valiosos en el desarrollo de un producto pulido y con todas las funciones. En resumen, un MVP permite que las nuevas empresas fracasen rápidamente, aprendan rápidamente y pivoten si es necesario.

- **Desarrollo sin código** : las herramientas sin código son plataformas de desarrollo visual que permiten a los usuarios crear aplicaciones, sitios web y productos digitales sin escribir ningún código. En su lugar, utilizan interfaces de arrastrar y soltar, plantillas prediseñadas y componentes preconfigurados para crear las funcionalidades deseadas. Las plataformas sin código democratizan el proceso de desarrollo de aplicaciones, lo que permite a los usuarios no técnicos, como empresarios, analistas de negocios y diseñadores, convertir sus ideas en prototipos funcionales de forma rápida y rentable, todo sin depender de los escasos recursos del desarrollador o de una amplia experiencia técnica. .

Ahora que tenemos una comprensión básica de estos dos conceptos, podemos apreciar el verdadero poder de los MVP sin código: una síntesis del enfoque práctico y esbelto de los MVP con la agilidad y accesibilidad de las herramientas sin código. Esta poderosa combinación permite que las nuevas empresas prueben, validen e iteren sus ideas rápidamente, con un riesgo y una inversión mínimos.

Ventajas de los MVP sin código para startups

1. **Velocidad de ejecución** : las plataformas sin código reducen drásticamente el tiempo que lleva construir un MVP funcional. Con una interfaz intuitiva de arrastrar y soltar, procesos de desarrollo guiados y módulos prediseñados, los empresarios pueden hacer realidad sus ideas rápidamente, a veces en cuestión de horas o días, en lugar de semanas o meses. Esto permite a los fundadores concentrarse en validar su hipótesis e iterar para lograr un ajuste

del producto al mercado a un ritmo mucho más rápido.

2. **Costos de desarrollo más bajos** : al evitar la necesidad de contratar desarrolladores, los MVP sin código reducen significativamente los costos iniciales, un salvavidas para las nuevas empresas con problemas de liquidez. Además, las plataformas sin código a menudo ofrecen un modelo de precios basado en suscripción, que le permite pagar solo por lo que necesita y actualizar o degradar a medida que cambian sus requisitos.

3. **Facilidad de iteración** : la naturaleza ágil de las soluciones sin código facilita la realización de cambios, actualizaciones y mejoras en su MVP en función de los comentarios de los usuarios en tiempo real. Esta característica invaluable permite a las nuevas empresas corregir el rumbo y optimizar sus ofertas de productos sin tener que reiniciar desde cero o emprender un ciclo de desarrollo costoso y lento.

4. **Flexibilidad y capacidad de personalización** : las herramientas sin código vienen con una amplia gama de opciones, integraciones y extensiones, que ofrecen a las nuevas empresas la flexibilidad para crear la solución exacta que necesitan, todo sin ningún tipo de codificación o experiencia técnica. Puede elegir entre una biblioteca de módulos listos para usar o incluso crear componentes personalizados para cumplir con sus requisitos específicos.

5. **Colaboración y accesibilidad** : las plataformas sin código ofrecen igualdad de condiciones para las empresas emergentes con equipos diversos y multifuncionales. Promueven la colaboración y la comunicación entre los miembros al proporcionar una plataforma visual unificada donde todos pueden

contribuir al desarrollo del producto, desde la ideación hasta la ejecución.

Al aprovechar el poder de los MVP sin código, los empresarios pueden probar sus ideas de manera rápida y eficiente, recopilar comentarios cruciales y orientar su inicio en la dirección correcta, todo mientras ahorran tiempo, dinero y recursos. En los siguientes capítulos, le proporcionaremos una guía paso a paso para crear su propio MVP sin código y poner su startup en el camino del éxito.

1.1 Adoptar el movimiento sin código

Atrás quedaron los días en que lanzar una startup requería un conocimiento profundo de la codificación, un equipo dedicado de desarrolladores o miles de dólares para subcontratar su trabajo de desarrollo. El surgimiento del movimiento sin código ha dado lugar a una forma más sencilla, rápida y rentable de hacer realidad sus ideas.

Los MVP sin código representan una tendencia de rápido crecimiento en el mundo del espíritu empresarial, que permite a los fundadores y entusiastas de las empresas emergentes dar vida a sus ideas comerciales con un conocimiento técnico mínimo. Al aprovechar el poder de las plataformas y herramientas sin código, los empresarios potenciales ahora pueden crear e iterar su Producto Mínimo Viable (MVP) en cuestión de días o semanas, en lugar de meses o años.

En esta sección, exploraremos el poder de los MVP sin código y por qué se han vuelto vitales para el ecosistema de inicio moderno. Descubrirá cómo estas soluciones innovadoras han democratizado la innovación de las startups, acelerando el proceso general de validación y lanzamiento de una startup.

1.1.1 El ecosistema sin código

El ecosistema sin código es una colección de soluciones que permite a los usuarios sin conocimientos técnicos crear, personalizar e implementar potentes aplicaciones de software sin escribir una sola línea de código. Consiste en una variedad de herramientas, plataformas y servicios que brindan funcionalidades integradas para desarrollar y personalizar sus aplicaciones de acuerdo con sus requisitos únicos. Algunos ejemplos populares incluyen Webflow, Bubble, Zapier, Adalo, Airtable y muchos más.

La creciente biblioteca de herramientas sin código cubre una amplia gama de categorías y funcionalidades, como creadores de sitios web, creadores de aplicaciones, gestión de datos, herramientas de automatización e incluso plataformas de desarrollo completas.

El objetivo principal de estas soluciones sin código es empoderar a las personas o equipos con poca o ninguna formación técnica para crear aplicaciones de software completamente funcionales, esencialmente reduciendo la barrera de entrada para los empresarios que desean validar sus ideas de inicio o innovar rápidamente.

1.1.2 Los beneficios de los MVP sin código

Hoy en día, crear, validar e iterar un MVP se ha convertido en una parte esencial de la ideación y el crecimiento de una startup. El MVP permite a los empresarios probar y analizar rápidamente su producto o servicio, lo que les permite realizar los ajustes o pivotes necesarios antes de invertir más tiempo, esfuerzo o recursos. Los MVP sin código, en particular, ofrecen varias ventajas:

1. **Velocidad** : las herramientas sin código están diseñadas para ser fáciles de usar y sencillas, lo que permite construir su MVP a un ritmo sorprendentemente rápido. Puede construir prototipos, realizar pruebas e iterar sus ideas en días o semanas, en lugar de largos ciclos de desarrollo.

2. **Flexibilidad** : con una amplia gama de herramientas sin código disponibles, los empresarios pueden mezclar y combinar varias soluciones para crear un MVP que se adapte con precisión a sus necesidades únicas. También pueden adaptarse fácilmente a su producto a medida que evoluciona su puesta en marcha, sin incurrir en retrasos o costos significativos.

3. **Rentable** : los MVP sin código eliminan la necesidad de contratar desarrolladores o subcontratar el desarrollo de su producto a agencias externas. Esto significa que una vez que aprenda a navegar por el panorama sin código, sus costos disminuirán drásticamente mientras conserva la capacidad de crear e iterar productos excepcionales.

4. **Validación** : el objetivo final de un MVP es validar su idea de inicio entre los clientes potenciales. Cuanto más rápido pueda construir e iterar en su MVP, más rápido podrá obtener comentarios y descubrir información sobre su mercado objetivo, lo que lo ayudará a dirigir su inicio en la dirección correcta.

5. **Reducción de riesgos** : la creación de un MVP sin código minimiza los riesgos asociados con la creación de un producto completo desde el principio. Puede probar sus ideas, obtener tracción o descubrir posibles obstáculos sin incurrir en una inversión financiera o de tiempo significativa.

1.1.3 Procesos y flujo de trabajo sin código

El desarrollo de un MVP sin código generalmente sigue un proceso bien definido y un flujo de trabajo estructurado en torno a una serie de pasos:

1. **Ideación** : el primer paso es definir su idea de inicio, identificar su público objetivo y el problema que pretende resolver. Es esencial aclarar quiénes serán sus usuarios y cómo su solución aportará valor a sus vidas.

2. **Planificación de MVP** : una vez que tenga una comprensión sólida de su idea, el siguiente paso es determinar las características esenciales, las funcionalidades y los flujos de usuarios que mejor representan una versión mínima viable de su producto. Priorice estas características para crear un alcance de MVP alcanzable.

3. **Elección de herramientas sin código** : según la naturaleza de su MVP, las características que debería tener y su propio flujo de trabajo preferido, deberá elegir las herramientas sin código adecuadas que satisfagan sus requisitos. Esto puede implicar la selección de creadores de sitios web, creadores de aplicaciones, herramientas de automatización u otras plataformas especializadas.

4. **Construyendo el MVP** : con su plan en su lugar, comience a construir su MVP utilizando las herramientas sin código elegidas. Asegúrese de que las características esenciales y los patrones de flujo de usuarios estén bien representados y sean funcionales.

5. **Pruebas y validación** : una vez que se crea el MVP, es hora de recopilar comentarios de los usuarios, realizar pruebas e identificar posibles brechas o problemas que deben abordarse. Vuelva a evaluar

sus suposiciones y valide si su solución está en el camino correcto.

6. **Iteración y mejora** : use la información obtenida de las pruebas y la validación para realizar los ajustes, mejoras o pivotes necesarios en su MVP. Este proceso iterativo facilita la realización de cambios oportunos, realineando su inicio según sea necesario.

Como puede ver, los MVP sin código han revolucionado el mundo del espíritu empresarial, simplificando y acelerando el proceso de construcción, validación e iteración de sus ideas para maximizar sus posibilidades de éxito. Al adoptar el movimiento sin código, puede posicionar su startup para un rápido crecimiento mientras mantiene su enfoque en la innovación y la creación de valor.

2. El kit de herramientas sin código: plataformas y herramientas esenciales

2.1 Plataformas esenciales para crear MVP sin código

Crear un MVP sin código es un paso esencial para validar su idea de inicio, y tener las herramientas adecuadas es de suma importancia para comenzar con el pie derecho. En este capítulo, analizaremos las plataformas esenciales que pueden ayudarlo a crear su MVP sin código con un conocimiento técnico mínimo.

2.1.1 Flujo web

Webflow es una poderosa plataforma de diseño y desarrollo que le permite crear sitios web receptivos sin escribir una sola línea de código. Combina una interfaz intuitiva de arrastrar y soltar con un conjunto completo de herramientas de diseño que pueden ayudarlo a crear y personalizar su MVP con facilidad.

Funciones de flujo web:

- Diseño receptivo sin consultas de medios complejas
- Animaciones e interacciones personalizadas
- Una amplia biblioteca de componentes y elementos prediseñados
- Visual CMS para gestionar tu contenido de forma dinámica
- Hosting optimizado para velocidad y rendimiento
- Herramientas de colaboración para trabajar con los miembros del equipo.

2.1.2 Burbuja

Bubble es una plataforma sin código que le permite crear aplicaciones web personalizadas desde cero. Con Bubble, puede diseñar, desarrollar e implementar aplicaciones web completamente funcionales sin ningún conocimiento de programación.

Características de la burbuja:

- Constructor visual de arrastrar y soltar
- Elementos de IU personalizables (botones, entradas, etc.)
- Sistema de administración de base de datos
- Conéctese a API y servicios externos
- Lógica y flujos de trabajo personalizados

- Integración con herramientas populares (como Stripe para pagos)
- Alojamiento gratuito con la opción de usar dominios personalizados

2.1.3 Deslizamiento

Glide es una plataforma sin código que le permite crear aplicaciones móviles utilizando Hojas de cálculo de Google como backend. Puede convertir cualquier Hoja de Google en una aplicación hermosa y fácil de usar y actualizar su aplicación en tiempo real editando su Hoja de Google.

Características de deslizamiento:

- Plantillas de aplicaciones personalizables
- Backend con tecnología de Hojas de cálculo de Google
- Mostrar, filtrar y ordenar datos en varios diseños
- Acciones personalizadas (botones, formularios, etc.) para interactuar con sus datos
- Disponible para Android y iOS
- No requiere instalación: comparte a través de una URL

2.1.4 Adalo

Adalo es otra plataforma sin código que le permite crear aplicaciones móviles y web personalizadas. Ofrece una interfaz sencilla de arrastrar y soltar y le permite crear aplicaciones con múltiples pantallas, componentes y características sin ningún conocimiento de codificación.

Características de Adalo:

- Editor visual de arrastrar y soltar

- Componentes personalizados y elementos de la interfaz de usuario
- Lógica y flujos de trabajo de aplicaciones personalizables
- Integración con herramientas populares (como Stripe para pagos)
- Backend de datos y autenticación integrados
- Publique en las tiendas de aplicaciones de Android e iOS
- Marca personalizada y dominio personalizado

2.1.5 Zapier

Zapier es una plataforma de automatización sin código que conecta diferentes aplicaciones y servicios web. Le permite crear flujos de trabajo automatizados llamados "Zaps" al integrar varias aplicaciones sin escribir ningún código.

Características de Zapier:

- Integración con más de 3000 aplicaciones y servicios
- Zaps preconstruidos para automatizar tareas comunes
- Desencadenadores y acciones personalizables para sus flujos de trabajo
- Lógica condicional para crear automatizaciones complejas
- Automatizaciones programadas para ejecutarse a intervalos predeterminados
- Múltiples Zaps y Steps para combinar diferentes aplicaciones y acciones

2.2 Herramientas esenciales para MVP sin código

Además de las plataformas mencionadas anteriormente, existen varias herramientas esenciales que pueden ayudarlo en varios aspectos de la creación de su MVP sin código. Estas herramientas pueden ahorrarle tiempo, esfuerzo y recursos mientras crean un MVP eficaz y eficiente.

2.2.1 Telar

Loom es una herramienta de mensajes de video que simplifica y agiliza la creación y el intercambio de mensajes de video. Puede ser fundamental para comunicarse con su equipo o incluir tutoriales en video y demostraciones con su MVP.

Características del telar:

- Grabación instantánea de video con un solo clic
- Pantalla compartida con narración de voz
- Extensión de Chrome para un acceso rápido
- Herramientas de dibujo y anotación de vídeo
- Uso compartido instantáneo de videos a través de una URL
- Integración con herramientas populares como Slack, Notion y Trello

2.2.2 Tipografía

Typeform es un generador de formularios y encuestas basado en la web que le permite crear formularios, cuestionarios y encuestas interactivos y atractivos para su MVP. Se puede usar para recopilar comentarios de los usuarios, generar clientes potenciales, registrarse y más.

Características de la forma tipográfica:

- Generador intuitivo de formularios de arrastrar y soltar
- Tipos de preguntas personalizables y lógica de formulario
- Formularios incrustables y ventanas emergentes para su sitio web
- Marca y diseño personalizados
- Integración con herramientas y servicios populares
- Análisis e información para los datos de su formulario

2.2.3 Lienzo

Canva es una plataforma de diseño gráfico con una amplia biblioteca de plantillas, imágenes y elementos de diseño para crear gráficos y elementos visuales profesionales para su MVP. Puede ayudarlo a crear logotipos, presentaciones, gráficos para redes sociales y más.

Características de Canva:

- Interfaz de arrastrar y soltar fácil de usar
- Plantillas para varios tipos de diseño.
- Una enorme biblioteca de imágenes de stock y elementos de diseño.
- Tipografía personalizable y paletas de colores.
- Herramientas de colaboración para proyectos en equipo.
- Exportar en múltiples formatos de archivo

2.2.4 Mesa de aire

Airtable es una poderosa plataforma que combina hojas de cálculo y bases de datos que le permite crear bases de datos personalizadas, organizar datos y colaborar con su equipo. Se puede utilizar para la gestión de proyectos, CRM, planificación de contenido y más.

40

Características de la mesa de aire:

- Plantillas de tablas personalizables
- Opciones avanzadas de filtrado, clasificación y agrupación
- Diferentes tipos de datos y tipos de campo
- Colaboración en tiempo real y permisos de equipo
- Integración con herramientas y servicios populares
- API para conectar con otras plataformas

Al aprovechar estas plataformas y herramientas esenciales, puede crear, probar y validar de forma rápida y eficaz su idea de inicio con un MVP sin código. Adopte el poder de la no programación y observe cómo su idea se convierte en una empresa exitosa.

2. El kit de herramientas sin código: plataformas y herramientas esenciales

El movimiento sin código ha generado un rico ecosistema de plataformas y herramientas que permiten a cualquier persona con una idea crear y validar ideas de inicio rápidamente. Con estas herramientas, ya no necesita ser un desarrollador o tener experiencia técnica para crear una aplicación web, una aplicación móvil o incluso un producto completo.

En esta sección, exploraremos algunas de las plataformas y herramientas esenciales que lo equiparán con todo lo que necesita para crear su producto mínimo viable (MVP) sin escribir una sola línea de código. Clasificaremos las herramientas según su propósito en el proceso de desarrollo sin código, desde la ideación hasta el prototipo y el lanzamiento.

A. Validación de ideas e investigación de clientes

Antes de comenzar con el desarrollo de su MVP sin código, debe validar su idea y recopilar información sobre sus clientes objetivo.

1. **Formularios de Google** : una herramienta gratuita y versátil para crear y compartir encuestas, cuestionarios y formularios. Úselo para recopilar comentarios de los clientes, realizar estudios de mercado o medir la satisfacción del usuario.
2. **Typeform** : un potente generador de encuestas y formularios que crea experiencias interesantes y conversacionales para su audiencia. Typeform proporciona plantillas para varios propósitos, incluidos los comentarios de los clientes, la validación de productos y la investigación de usuarios.
3. **SurveyMonkey** : una herramienta de encuestas en línea que ofrece una gran cantidad de funciones, incluidas plantillas de encuestas prediseñadas, herramientas de análisis de datos e integraciones con aplicaciones de terceros.

B. Diseño visual y creación de prototipos

Colabore con su equipo para crear imágenes, wireframes y prototipos interactivos con estas herramientas de diseño:

1. **Figma** : una popular herramienta de diseño de vectores basada en la web que le permite diseñar, crear prototipos y colaborar en tiempo real. Viene con una biblioteca de elementos de interfaz de usuario, lo que facilita la creación y prueba de interfaces de usuario.
2. **Adobe XD** : una poderosa herramienta de diseño y creación de prototipos de Adobe que le permite

diseñar, crear prototipos y compartir experiencias interactivas. Está repleto de un amplio conjunto de herramientas, incluidos elementos de interfaz de usuario, componentes y complementos.

3. **Sketch** : una popular herramienta de diseño para usuarios de Mac, conocida por su simplicidad, eficiencia y capacidades de integración. Con una enorme biblioteca de complementos, Sketch le permite diseñar interfaces de usuario y crear prototipos de experiencias interactivas.

C. Creadores de sitios web y aplicaciones web

Los creadores de sitios web sin código facilitan la creación de sitios web receptivos y visualmente atractivos sin escribir ningún código.

1. **Webflow** : una plataforma de alojamiento y diseño web que le permite diseñar, crear y lanzar sitios web receptivos de forma visual. Con su CMS incorporado, puede crear y administrar contenido sin escribir ningún código.
2. **Wix** : un creador de sitios web de arrastrar y soltar con una amplia selección de plantillas de diseño e integraciones de aplicaciones de terceros. Wix también ofrece una plataforma de comercio electrónico integrada, lo que facilita la configuración de una tienda en línea.
3. **Squarespace** : una plataforma popular para crear hermosos sitios web, sitios de cartera y tiendas en línea. Squarespace ofrece una estética de diseño elegante y moderna y una variedad de herramientas poderosas para personalizar la apariencia y la funcionalidad de su sitio.

D. Desarrolladores de aplicaciones móviles

Cree aplicaciones móviles nativas para iOS y Android sin escribir ningún código con estos creadores de aplicaciones móviles sin código.

1. **Adalo** : un creador de aplicaciones móviles sin código que le permite crear y lanzar aplicaciones móviles nativas en iOS y Android. La interfaz visual de Adalo le permite crear aplicaciones de forma rápida e intuitiva.

2. **Thunkable** : una plataforma de desarrollo de aplicaciones de arrastrar y soltar que le permite crear aplicaciones nativas completamente funcionales para iOS y Android. Ofrece una amplia gama de componentes y una extensa biblioteca de plantillas prediseñadas para la interfaz de usuario y el diseño de diseño.

3. **OutSystems** : una poderosa plataforma de bajo código para crear aplicaciones móviles y web de nivel empresarial. Su entorno de desarrollo visual y sus capacidades de integración facilitan la creación de aplicaciones complejas con una codificación mínima.

E. Plataformas de comercio electrónico

Inicie y administre su tienda en línea con estas plataformas de comercio electrónico sin código.

1. **Shopify** : una plataforma de comercio electrónico líder que le permite crear, administrar y hacer crecer su tienda en línea. Con una amplia gama de plantillas prediseñadas, complementos e integraciones de terceros, puede crear una experiencia de compra personalizada para sus clientes.

2. **BigCommerce** : una plataforma de comercio electrónico todo en uno que ofrece plantillas de diseño independientes del dispositivo, herramientas

de marketing avanzadas y soporte para varias pasarelas de pago. Es una solución escalable para empresas de todos los tamaños.

3. **WooCommerce** : una plataforma de comercio electrónico potente, personalizable y gratuita que se integra con WordPress. Ofrece una amplia gama de complementos y temas, lo que le permite crear una tienda en línea totalmente personalizada.

F. Automatización e integración del flujo de trabajo

Las herramientas de automatización del flujo de trabajo sin código lo ayudan a automatizar tareas e integrar diferentes plataformas para crear una experiencia de usuario perfecta.

1. **Zapier** : una popular herramienta de automatización del flujo de trabajo que conecta diferentes aplicaciones y servicios, lo que le permite automatizar tareas sin escribir ningún código. Admite miles de integraciones, lo que facilita la creación de flujos de trabajo complejos.

2. **Integromat** : una plataforma de automatización de flujo de trabajo visual que le permite conectar y automatizar tareas entre diferentes aplicaciones. Su interfaz de arrastrar y soltar facilita la creación de integraciones personalizadas y flujos de trabajo automatizados.

3. **IFTTT** : una plataforma de automatización liviana y fácil de usar que conecta y automatiza tareas entre aplicaciones y servicios populares, utilizando la lógica "si esto, entonces aquello".

En conclusión, el panorama sin código ofrece una gran cantidad de herramientas para que los fundadores no técnicos construyan y validen sus ideas de inicio rápidamente. Esta no es de ninguna manera una lista exhaustiva; sin embargo, este conjunto de herramientas es un excelente punto de partida para cualquiera que busque crear un MVP con una experiencia de codificación mínima o nula. ¡Aproveche el poder de no codificar y convierta su idea en realidad!

A. Descripción general del kit de herramientas sin código

En esta sección, profundizaremos en las plataformas y herramientas esenciales que forman la columna vertebral de cada MVP sin código. Estas herramientas han sido cuidadosamente seleccionadas para ahorrarle tiempo, esfuerzo y dinero en todo el proceso de dar vida a sus ideas de inicio. Satisfacen un conjunto diverso de requisitos, que van desde el diseño y la creación de sus aplicaciones web y móviles hasta la automatización de flujos de trabajo complejos, la recopilación de comentarios de los usuarios e incluso la gestión de su base de clientes sin escribir una sola línea de código.

Cada plataforma y herramienta enumerada en este kit de herramientas se ocupa de un aspecto específico de la creación y el lanzamiento de su MVP sin código. Para cuando haya terminado con esta sección, esperamos que esté armado con una comprensión integral de qué herramientas elegir según los requisitos de su producto y el público objetivo.

Ahora, echemos un vistazo más de cerca a estas plataformas y herramientas esenciales en el kit de herramientas sin código:

1. Plataformas de desarrollo sin código

Estas son herramientas integrales que le permiten crear, diseñar y lanzar su aplicación web o móvil sin ninguna experiencia en codificación. A menudo cuentan con una interfaz de lo que ves es lo que obtienes (WYSIWYG), lo que te facilita visualizar y crear tu producto ideal. Algunas plataformas populares de desarrollo sin código incluyen:

- **Bubble** : Una plataforma poderosa y versátil para construir aplicaciones web. Las características clave de Bubble incluyen un editor visual intuitivo, administración de base de datos integrada, una amplia colección de complementos e integraciones API directas.
- **Webflow** : una plataforma de diseño y desarrollo todo en uno que se enfoca en crear sitios web visualmente impresionantes y totalmente receptivos. Webflow es conocido por su interfaz fácil de usar y sus capacidades de edición en tiempo real.
- **Adalo** : una plataforma de desarrollo de aplicaciones móviles que lo ayuda a diseñar, crear y lanzar aplicaciones nativas personalizadas para dispositivos Android e iOS. La interfaz de arrastrar y soltar fácil de usar hace que el proceso de creación de una aplicación sea rápido y sin esfuerzo.
- **OutSystems** : una plataforma de código bajo que ofrece una amplia colección de plantillas y recursos preconstruidos, perfecta para crear aplicaciones móviles y web de nivel empresarial sobre la marcha. OutSystems admite la integración con herramientas de análisis y bases de datos líderes, lo que lo convierte en una opción popular entre las organizaciones más grandes.

2. Herramientas de automatización del flujo de trabajo

Una vez que haya creado su MVP, el siguiente paso es automatizar y optimizar los procesos comerciales sin escribir ningún código. Las herramientas de automatización del flujo de trabajo lo ayudan a crear flujos de trabajo complejos e integrar diferentes herramientas y plataformas sin código sin problemas. Algunas herramientas populares de automatización del flujo de trabajo incluyen:

- **Zapier** : una poderosa herramienta de automatización que conecta y automatiza más de 3000 aplicaciones, con una amplia biblioteca de 'Zaps' preconstruidos para ayudarlo a comenzar rápidamente.
- **Integromat** : una plataforma de automatización versátil que combina una interfaz visual con soporte para integraciones basadas en API. Integromat proporciona un amplio conjunto de funciones y herramientas para crear flujos de trabajo y procesos complejos con facilidad.
- **n8n.io** : una herramienta de automatización de flujo de trabajo basada en nodos de código abierto que le permite configurar integraciones personalizadas y automatizar tareas en múltiples plataformas y servicios.

3. Recopilación de datos de usuario y comentarios

La recopilación de comentarios de los usuarios es esencial cuando se trata de validar su idea de inicio y mejorar su producto. Aquí hay algunas herramientas para ayudarlo a recopilar datos y comentarios de sus usuarios:

- **Formularios de Google** : un generador de encuestas y formularios simple pero poderoso que viene con la suite de Google. Incluye varios tipos de preguntas, validación de respuestas y recopilación automática de datos en una hoja de cálculo de Google.

- **Typeform** : un generador de formularios y encuestas centrado en el usuario con un enfoque en la experiencia del usuario. Typeform ofrece formularios atractivos, interactivos y fácilmente personalizables que se pueden incrustar en su sitio web o compartir a través de una URL única.
- **Hotjar** : una herramienta vital para comprender el comportamiento de los usuarios en su sitio web, que presenta mapas de calor, grabaciones de sesiones y análisis de embudos de conversión. Hotjar también le permite recopilar comentarios de los usuarios a través de encuestas y sondeos.

4. Herramientas de gestión de relaciones con los clientes (CRM)

La gestión de su base de clientes y el seguimiento de sus necesidades y preferencias es esencial en las primeras etapas de su puesta en marcha. Las herramientas de CRM lo ayudan a administrar, analizar y mejorar las relaciones con sus clientes sin ninguna habilidad de codificación. Algunas herramientas populares de CRM incluyen:

- **Airtable** : una plataforma versátil sin código que combina el poder de las hojas de cálculo y las bases de datos, lo que le permite crear de todo, desde tableros de administración de proyectos hasta sistemas de CRM personalizados.
- **Streak** : una herramienta CRM integrada directamente en su cuenta de Gmail, Streak ofrece una solución simple y liviana para administrar sus relaciones con los clientes sin problemas dentro de su bandeja de entrada de correo electrónico existente.
- **HubSpot CRM** : una plataforma integral de CRM con herramientas de marketing, ventas y servicio al

cliente listas para usar. HubSpot CRM es fácil de usar y ofrece una amplia gama de integraciones, lo que lo hace adecuado para empresas emergentes de todos los tamaños.

Con una comprensión profunda de estas plataformas y herramientas esenciales en su kit de herramientas sin código, ahora está listo para comenzar a construir y validar sus ideas de inicio de manera rápida y eficiente. El poder de los MVP sin código ahora está al alcance de tu mano. ¡Buena suerte!

2.2 El kit de herramientas sin código: plataformas y herramientas esenciales

En esta subsección, exploraremos las plataformas y herramientas esenciales que forman la columna vertebral del movimiento sin código. Estas herramientas y plataformas permiten a los emprendedores, gerentes de productos y visionarios en ciernes enfocarse en construir y validar rápidamente sus ideas de inicio, sin pasar meses en el desarrollo.

2.2.1 Plataformas de desarrollo visual

Las plataformas de desarrollo visual permiten crear aplicaciones web y móviles mediante una interfaz visual, evitando la necesidad de escribir código manualmente. Estas plataformas suelen utilizar una interfaz de arrastrar y soltar, que permite a los usuarios crear interfaces de usuario y desarrollar la lógica de la aplicación utilizando componentes prediseñados. Algunas plataformas populares de desarrollo visual incluyen:

1. **Webflow** : un poderoso creador de sitios web y aplicaciones que permite a los usuarios crear, diseñar y desarrollar sitios web receptivos visualmente. Las funciones más avanzadas de Webflow incluyen la integración de bases de datos, la autenticación de usuarios y la capacidad de integrar fragmentos de código personalizados. La plataforma también maneja a la perfección el alojamiento web y optimiza el rendimiento del sitio con redes de entrega de contenido (CDN).
2. **Bubble** : una plataforma versátil para crear aplicaciones web desde cero o utilizando plantillas personalizables. Bubble permite a los usuarios crear lógica y flujos de trabajo complejos, sin escribir código. Bubble también proporciona capacidades de administración de bases de datos y admite integraciones de terceros mediante API.
3. **Wix** : un creador de sitios web conocido e intuitivo que permite a los usuarios crear sitios web personalizados a través de su amplia variedad de plantillas de diseño y editor de arrastrar y soltar. Wix ofrece funciones esenciales como configuración de comercio electrónico, autenticación de usuarios e integraciones de terceros, que satisfacen diversas necesidades comerciales.

2.2.2 Herramientas de automatización

Las herramientas de automatización son cruciales para conectar diferentes plataformas, bases de datos y aplicaciones para crear un flujo continuo de información entre varios sistemas. Estas herramientas fomentan la eficiencia y permiten a los usuarios crear potentes flujos de trabajo automatizados, sin necesidad de escribir código.

Algunas herramientas de automatización populares incluyen:

1. **Zapier** : una plataforma que conecta miles de aplicaciones y servicios, lo que permite a los usuarios automatizar el intercambio de datos y crear flujos de trabajo de varios pasos. Zapier ofrece lógica condicional para una mayor flexibilidad en la creación de flujos de trabajo de automatización, lo que permite a los usuarios reducir el trabajo manual y ganar eficiencia en todas sus aplicaciones.

2. **Integromat** : una poderosa plataforma de automatización que ofrece una funcionalidad similar a la de Zapier, con el beneficio adicional de un editor visualmente intuitivo. El punto único de Integromat radica en su interfaz de usuario, donde los usuarios pueden crear flujos de trabajo de automatización utilizando una serie de nodos interconectados, lo que facilita la comprensión del flujo de datos y acciones.

3. **IFTTT** : un servicio de automatización fácil de usar que permite a los usuarios crear reglas simples pero efectivas denominadas "Applets". IFTTT conecta múltiples plataformas y dispositivos, lo que permite a los usuarios automatizar tareas en IoT, dispositivos domésticos inteligentes y aplicaciones web.

2.2.3 Soluciones de bases de datos y back-end

La creación de aplicaciones generalmente requiere una base de datos robusta y segura para almacenar y administrar datos. Las siguientes soluciones de base de datos y back-end no admiten código y ofrecen características personalizables para adaptarse a los diversos requisitos del proyecto:

1. **Airtable** : una plataforma de base de datos basada en la nube que fusiona la funcionalidad de las hojas de cálculo con el poder de las bases de datos relacionales, lo que permite a los usuarios crear bases de datos versátiles y visualmente atractivas. Airtable ofrece una interfaz intuitiva y funciones como vistas personalizadas, formularios e integración de API.

2. **Xano** : una plataforma de back-end como servicio flexible que permite a los usuarios crear una infraestructura de back-end compleja, escalable y segura sin escribir código. Xano proporciona un editor sencillo y sólidas capacidades de administración de API, lo que permite a los usuarios conectar sus aplicaciones a varias fuentes de datos.

3. **Firebase** : una plataforma back-end integral de Google que ofrece una variedad de servicios, como bases de datos en tiempo real, autenticación de usuarios, aprendizaje automático y análisis. La integración de Firebase con plataformas sin código como Bubble y Webflow permite a los usuarios crear aplicaciones con potentes capacidades de backend sin esfuerzo.

2.2.4 Herramientas de diseño y creación de prototipos

Las herramientas de diseño y creación de prototipos son indispensables para crear UI visualmente atractivas y probar de manera eficiente los flujos de UX antes del desarrollo de la aplicación. Algunas herramientas populares de diseño y creación de prototipos se enumeran a continuación:

1. **Figma** : una herramienta de diseño basada en la nube que permite a los usuarios crear interfaces de

usuario elegantes y prototipos interactivos sin esfuerzo. Figma ofrece colaboración en tiempo real, lo que la hace perfecta para proyectos de diseño en equipo.

2. **Sketch** : una herramienta de diseño popular principalmente para usuarios de Mac, que ofrece una funcionalidad similar a Figma. Sketch permite a los usuarios crear diseños de interfaz de usuario, ilustraciones vectoriales y prototipos interactivos con facilidad.

3. **Adobe XD** : una herramienta de diseño integral de Adobe que se integra a la perfección con otros productos de Adobe y ofrece la capacidad de crear diseños sofisticados y prototipos interactivos para aplicaciones web y móviles.

Estas plataformas y herramientas sin código forman la base para dar vida rápidamente a las ideas de inicio, lo que permite a los empresarios centrarse en validar sus conceptos y medir el éxito de su idea de producto. Al aprovechar estas herramientas, las partes interesadas pueden evolucionar e iterar sus productos rápidamente, reduciendo drásticamente el tiempo desde la ideación hasta el lanzamiento al mercado.

2.1 Plataformas y herramientas esenciales que todo no programador debe conocer

Antes de profundizar en ejemplos de MVP sin código y experimentar con sus ideas de inicio, es esencial familiarizarse con las plataformas y herramientas principales disponibles en el ecosistema sin código. Comprender las capacidades y limitaciones de estas plataformas le permitirá pasar de la idea a la ejecución sin problemas mientras ahorra tiempo y recursos.

Existen varias plataformas y herramientas sin código, cada una con un propósito diferente, como creadores de sitios web, bases de datos, plataformas de comercio electrónico, automatización de flujos de trabajo, herramientas de desarrollo visual y más. En esta sección, describiremos algunas de las herramientas sin código más populares y efectivas que debe considerar para su viaje MVP sin código.

2.1.1 Constructores de sitios web

1. **Webflow** : Webflow es una popular plataforma de diseño web sin código que le permite crear sitios web receptivos y administrar contenido sin escribir ningún código. Puede diseñar elementos visualmente, agregar animaciones, crear formularios, administrar todas las configuraciones de SEO y personalizar completamente su sitio. La plataforma proporciona potentes capacidades de CMS que le permiten integrarse con otras herramientas como Zapier y funciones de comercio electrónico.
2. **Wix** : Wix es un creador de sitios web sin código fácil de usar con una interfaz fácil de usar que le permite crear sitios web con todas las funciones con una impresionante variedad de opciones de personalización. Wix también proporciona una biblioteca de plantillas y aplicaciones preconstruidas con muchas integraciones de terceros disponibles.

2.1.2 Bases de datos

1. **Airtable** : Airtable es una base de datos fácil de usar que parece una hoja de cálculo pero ofrece

funcionalidades más potentes, como filtrado, clasificación, relaciones de datos y agrupación de datos. Puede usar Airtable como su base de datos o backend para almacenar y administrar sus datos esenciales y conectarlos con otras plataformas y herramientas sin código mediante API o integraciones de Zapier.

2. **Google Sheets** : Google Sheets es una hoja de cálculo basada en la nube ampliamente utilizada similar a Microsoft Excel. Sin embargo, ofrece funciones de colaboración, automatización e integración que lo convierten en una excelente solución para alternativas de bases de datos livianas cuando se trabaja con plataformas sin código.

2.1.3 Plataformas de comercio electrónico

1. **Shopify** : Shopify es una plataforma de comercio electrónico sin código que permite a los empresarios crear y personalizar tiendas en línea sin necesidad de codificación. Ofrece una amplia gama de funciones, como gestión de pedidos, análisis y herramientas de marketing, junto con cientos de aplicaciones e integraciones de terceros.

2. **Gumroad** : Gumroad es una plataforma de comercio electrónico sin código diseñada específicamente para que los creadores vendan productos digitales, membresías y suscripciones. Le permite crear páginas de destino de productos y administrar las ventas fácilmente, lo que la convierte en una excelente opción para las empresas emergentes que se enfocan en productos digitales.

2.1.4 Automatización del flujo de trabajo y API

1. **Zapier** : Zapier es una poderosa herramienta sin código que le permite automatizar y conectar diferentes aplicaciones sin escribir ningún código. Con una amplia biblioteca de aplicaciones, puede crear flujos de trabajo personalizados que automaticen tareas repetitivas, como enviar correos electrónicos, administrar publicaciones en redes sociales y manejar datos de clientes.
2. **Integromat** : Integromat es una alternativa a Zapier que proporciona funciones más avanzadas, como el manejo de errores y el enrutamiento condicional. Esta plataforma sin código le permite diseñar y automatizar visualmente procesos entre diferentes aplicaciones sin codificación.

2.1.5 Herramientas de desarrollo visual y creadores de aplicaciones

1. **Bubble** : Bubble es una plataforma de desarrollo visual sin código que le permite crear aplicaciones web y móviles sin escribir ningún código. Puede diseñar la interfaz de su aplicación usando un editor de arrastrar y soltar, crear estructuras de datos personalizadas y definir automatizaciones de flujo de trabajo a través de una interfaz de programación visual.
2. **Adalo** : Adalo es una plataforma de desarrollo de aplicaciones sin código que hace que crear aplicaciones móviles sea tan fácil como diseñar un sitio web. Con una sencilla interfaz de arrastrar y

soltar, puede crear aplicaciones móviles nativas para iOS y Android sin necesidad de codificación, administrar datos e integrarse con varios servicios de API.

2.1.6 Chatbots y mensajería

1. **Landbot** : Landbot te permite crear chatbots sin escribir ningún código. Con una interfaz de arrastrar y soltar, puede diseñar visualmente el flujo de conversación de su chatbot, recopilar datos de usuario e integrarse con otras aplicaciones como CRM o plataformas de correo electrónico.
2. **ManyChat** : ManyChat proporciona una plataforma sin código para crear chatbots de Facebook Messenger con un generador de flujo visual. Puede configurar secuencias de mensajes automatizados, segmentar su audiencia e incluso crear bots simples para su tienda de comercio electrónico utilizando plantillas.

Estas plataformas y herramientas deberían servir como punto de partida para explorar el panorama sin código. Tenga en cuenta que el ecosistema sin código está en constante evolución y surgen nuevas herramientas con regularidad. Al seleccionar una plataforma o herramienta, asegúrese de que cumpla con los requisitos comerciales, las limitaciones de costos y las necesidades de escalabilidad. Experimente con estas herramientas, familiarícese con sus capacidades y permítales impulsar su viaje MVP sin código.

3. Definición de su idea de inicio: el problema, la solución y el público objetivo

3.1. Identificación del problema central

Uno de los pasos críticos para construir una startup exitosa es identificar el problema central que pretendes resolver. En esta subsección, lo guiaremos a través del proceso de determinar el problema que abordará su startup, cómo crear una solución única y el público objetivo al que atenderá.

Por qué es importante la identificación de problemas

En el mundo de las startups, cada producto o servicio exitoso se basa en abordar un problema específico. Comience por resolver un problema y las posibilidades de que su startup tenga éxito aumentarán significativamente. Por otro lado, si crea un producto sin abordar un problema claro, le resultará mucho más difícil atraer usuarios o clientes.

Pasos para identificar el problema central

Para definir el problema central, considere los siguientes pasos:

1. **Identifique los puntos débiles** : comience por pensar en los desafíos o frustraciones que usted, sus amigos o su familia enfrentan regularmente. Mantenga una mente abierta y esté atento a los problemas que enfrentan las personas a su alrededor

en varios aspectos de la vida, desde el trabajo y las relaciones hasta la salud y las finanzas.

2. **Valide el problema** : una vez que haya identificado un punto débil, profundice para comprender la causa raíz del problema. Hable con personas que experimentaron el problema, busque debates en línea sobre el tema y busque el asesoramiento de expertos para obtener información sobre el tamaño y el alcance del problema. Asegúrese de que el problema sea lo suficientemente importante como para justificar una solución.

3. **Evaluar las soluciones existentes** : investigar las soluciones existentes para el problema. Examinar sus fortalezas, debilidades y brechas. Identifique áreas en las que puede innovar y ofrecer valor que diferencie su solución de lo que está disponible actualmente.

4. **Perfeccione la declaración de su problema** : use sus conocimientos para elaborar una declaración del problema clara y concisa. Esta debe ser una breve descripción que articule la esencia del problema y cómo afecta a los usuarios que lo experimentan.

3.2. Elaboración de una solución única

Después de definir el problema central, el siguiente paso es idear una solución única que brinde un valor significativo al usuario. Su producto o servicio debe abordar el problema de manera directa y efectiva de una manera que lo diferencie de otras soluciones disponibles.

Convirtiendo los conocimientos de los problemas en soluciones

Estas son algunas de las mejores prácticas para crear una solución única:

60

1. **Aproveche sus habilidades y experiencia** : Considere sus propias habilidades y conocimientos. Aprovechar su experiencia única puede darle una ventaja en el mercado.
2. **Innovar** : no tenga miedo de pensar fuera de la caja. Experimente con nuevas tecnologías, procesos o modelos comerciales para crear una solución diferenciada que se adapte a su público objetivo.
3. **Simplificar** : Concéntrese en simplificar la experiencia del usuario. Divida el problema en partes más pequeñas y abórdelas con soluciones específicas y fáciles de entender.
4. **Iterar** : Refina y mejora continuamente tu solución. Los comentarios de los primeros usuarios son esenciales para que el proceso de iteración sea fluido y efectivo.

3.3. Definición de su público objetivo

Un público objetivo bien definido es crucial para el éxito de su startup. Con una audiencia específica en mente, puede adaptar las características y la estrategia de comunicación de su producto en consecuencia, optimizando sus esfuerzos de marketing y maximizando el potencial de crecimiento de su startup.

Reducir sus clientes potenciales

Para definir tu público objetivo, sigue estos pasos:

1. **Segmente el mercado** : comience por segmentar el mercado en función de la demografía, la psicografía, los comportamientos o las necesidades. Trate de identificar patrones o tendencias que conecten a los usuarios más afectados por el problema.

2. **Realice investigaciones de usuarios** : Realice entrevistas, encuestas o grupos focales con clientes potenciales para obtener una comprensión más profunda de sus necesidades, motivaciones y preferencias relacionadas con el problema.
3. **Desarrolle personajes** : una vez que haya recopilado información sobre sus clientes potenciales, cree personajes de usuario: personajes ficticios que los representen. Incluya detalles como edad, ocupación, objetivos, puntos débiles y preferencias para obtener una imagen clara de sus necesidades y expectativas.
4. **Valida la audiencia** : Antes de finalizar tu audiencia objetivo, asegúrate de que sea lo suficientemente grande como para sostener el crecimiento de tu startup. Investigue el tamaño del mercado, las tendencias de la industria y el potencial de crecimiento para tomar una decisión informada.

Al definir a fondo su idea de inicio, el problema que resuelve y la solución que ofrece, prepara el escenario para un MVP sin código eficiente e impactante. Un público objetivo bien definido garantiza que su producto resuene entre los clientes potenciales y aumente la probabilidad de éxito de su puesta en marcha.

En el próximo capítulo, exploraremos cómo crear un MVP sin código y probarlo con usuarios reales para validar su idea de inicio de manera rápida y eficiente.

3. Definición de su idea de inicio: el problema, la solución y el público objetivo

3.1. Identificando el problema

Antes incluso de comenzar a pensar en crear un MVP sin código, es crucial identificar claramente el problema que desea resolver. Esta es la base de su puesta en marcha y guiará todas las decisiones que tome en el futuro. Comienza haciéndote las siguientes preguntas:

- ¿Cuál es el principal problema que mi startup está tratando de resolver?
- ¿Es este problema compartido por un grupo suficientemente grande de personas?
- ¿Hay soluciones existentes para este problema? En caso afirmativo, ¿cómo puedo diferenciarlos o mejorarlos?

Para aumentar sus posibilidades de éxito, su problema debe ser uno que no solo sea común, sino también urgente o grave. Comience investigando el mercado y hablando con clientes potenciales para identificar los puntos débiles y validar que vale la pena abordar el problema.

3.2. Elaboración de una solución sólida

Una vez que esté seguro de que tiene una comprensión clara del problema, el siguiente paso es diseñar una solución innovadora. Tenga cuidado de no saltar a las características del edificio; en cambio, concéntrese en resolver el problema central de una manera que sea simple y efectiva para su público objetivo. Esta será la propuesta de valor para tu startup.

Para desarrollar su solución, considere lo siguiente:

- ¿Cuál es la forma más sencilla de abordar el problema?
- ¿Cómo puedo hacer que la solución sea escalable y rentable?
- ¿Qué tecnología o herramientas sin código puedo aprovechar para agilizar el proceso?

Tenga en cuenta que es probable que su solución inicial evolucione a medida que valide su idea de negocio y recopile los comentarios de sus usuarios. La clave es mantenerse esbelto y ágil, centrándose en las características y funcionalidades que brindan el mayor valor a sus usuarios.

3.3. Definición de su público objetivo

Cada producto o servicio exitoso tiene un público objetivo bien definido: un grupo específico de personas para quienes se diseñó la solución. Cuanto más precisamente pueda definir su público objetivo, mejor podrá adaptar su oferta y sus mensajes de marketing para llegar a las personas adecuadas.

Al definir su público objetivo, considere:

- Datos demográficos (edad, sexo, ingresos, educación, ocupación)
- Geografía (país, región, ciudad)
- Psicografía (intereses, valores, actitudes)
- Patrones de comportamiento (comportamiento de compra, actividad en línea, uso del producto)

Para obtener una comprensión más profunda de su público objetivo, puede crear personajes de usuario: personajes ficticios pero detallados que representan a sus clientes ideales. La creación de personajes de usuario puede ayudarlo a descubrir información sobre las necesidades, preferencias y puntos débiles de su audiencia, lo que le permite tomar mejores decisiones sobre su desarrollo de MVP sin código.

3.4. Poniendo todo junto: la propuesta de valor

Con una comprensión clara del problema, la solución y el público objetivo, es hora de formular su propuesta de valor. Esta es una declaración concisa que explica de manera concisa y convincente por qué su inicio es único y cómo agrega valor para sus clientes.

Tu propuesta de valor debe responder a las siguientes preguntas:

- ¿Cuál es el principal beneficio de mi producto o servicio?
- ¿Quiénes son mis clientes objetivo y cuáles son sus necesidades?
- ¿En qué se diferencia mi solución de las ofertas existentes en el mercado?
- ¿Por qué mi público objetivo debería elegir mi solución sobre las alternativas?

Elaborar una propuesta de valor poderosa no es una tarea fácil, pero es esencial para darle dirección y enfoque a su startup. Una propuesta de valor sólida lo diferenciará de la competencia, atraerá clientes y, en última instancia, allanará el camino para el éxito de su MVP sin código.

3.1 El problema: identificar problemas reales

3.1.1 Reconocer una necesidad genuina

Uno de los aspectos más críticos para definir su idea de inicio es identificar un problema real que los clientes potenciales están experimentando. Recuerde, las personas no necesariamente buscan nuevos productos o servicios; a menudo desean soluciones a sus problemas. Como fundador de una startup, su objetivo principal es descubrir y comprender los dolores del mercado y encontrar formas innovadoras de aliviarlos. Aquí hay algunas técnicas útiles que puede usar para reconocer una necesidad genuina:

- Investigación: profundice en los informes de la industria, lea artículos académicos o únase a foros relacionados con su sector para obtener información sobre los problemas predominantes que enfrenta el público objetivo.
- Hable con su público objetivo: entreviste a personas reales que experimentan el problema. Empatizar con los desafíos que enfrentan y esforzarse por comprender el nivel de impacto en su vida diaria.
- Observe el comportamiento del usuario: Analice e interprete cómo las personas están respondiendo actualmente al problema. Este estudio lo ayudará a comprender las estrategias que utilizan frente a las herramientas de las que carecen.

3.1.2 Cuantificación del problema

Después de identificar y comprender el problema, es crucial evaluar su importancia. Cuantificar con precisión el problema lo ayudará a medir el tamaño de mercado potencial de su solución y estimar el valor futuro de su puesta en marcha.

- Impacto: mide el alcance del problema, ya sea que afecte la vida cotidiana de una persona, la eficiencia de una organización o una industria más amplia.
- Frecuencia: determine con qué frecuencia se presenta el problema para comprender mejor la urgencia y la importancia de la solución.
- Costo: calcule el valor monetario del problema en términos de pérdidas o beneficios perdidos, proporcionando un indicador tangible de la demanda de la solución.

3.2 La solución: elaborar una oferta convincente

3.2.1 Generación de ideas

Una vez que haya identificado y cuantificado el problema, es hora de pensar en soluciones innovadoras. Aquí hay algunas indicaciones para ayudarlo a poner en marcha su creatividad:

- ¿Se pueden mejorar los productos o servicios existentes para resolver el problema de manera más eficiente?
- ¿Existen mercados adyacentes en los que se puedan adaptar las soluciones para abordar el problema?
- ¿Puedes integrar tecnologías de punta para generar una solución única?

Al hacer una lluvia de ideas, intente pensar más allá de los enfoques convencionales y fomente un entorno de generación de ideas sin juzgar, abarcando todas las ideas posibles antes de limitarlas.

3.2.2 Validación de ideas

Generar múltiples ideas de soluciones es excelente, pero es crucial asegurarse de que estas ideas sean factibles antes de seguir adelante. Valide sus conceptos considerando:

- Singularidad: analice la competencia y evalúe cómo su idea se diferencia de las soluciones existentes.
- Ejecución: Evaluar la factibilidad técnica y operativa de implementar la idea.
- Atractivo del mercado: verifique si su público objetivo encuentra atractiva la idea y está dispuesto a pagar por ella.

3.3 El Público Objetivo: Definiendo a tu Cliente Ideal

3.3.1 Segmentación

Identificar y comprender a su público objetivo le permite adaptar su solución directamente a sus necesidades y preferencias. Segmente el mercado a lo largo de varias dimensiones, como la demografía, la psicografía y los patrones de comportamiento. Aquí hay algunos factores clave a considerar:

- Edad
- Género
- Industria
- Puesto de trabajo
- Localización geográfica
- Ingreso
- Intereses y hobbies
- Puntos de dolor y necesidades

3.3.2 Creación de perfiles de clientes

Los personajes de los clientes son representaciones semificticias de sus clientes ideales, sintetizadas a partir de sus datos e investigaciones de mercado. Diseñar personas detalladas puede ayudarte a:

- Crear empatía entre el equipo de inicio y los clientes potenciales.
- Adapte los mensajes y la marca de su producto de manera efectiva.
- Pruebe y valide características y funcionalidades específicas en función de las preferencias personales.

Al crear personajes de clientes, asegúrese de que sean representativos de su público objetivo y considere múltiples escenarios para una comprensión más completa de los usuarios finales.

3.3.3 Priorización de Personas

A medida que su startup evoluciona, es difícil atender a cada persona, especialmente cuando los recursos y el tiempo son limitados. Por lo tanto, es importante priorizar las personas más valiosas y accesibles. Evalúe el impacto potencial de cada persona en su negocio, teniendo en cuenta factores como:

- Tamaño del segmento de mercado
- Accesibilidad en términos de marketing y canales de distribución
- La voluntad y la capacidad de comprar su solución.

Al centrarse en las personas más cruciales de los clientes, puede asignar recursos y esfuerzos de manera efectiva mientras crea un producto adecuado para el mercado.

En conclusión, definir su idea de inicio implica una comprensión profunda del problema, la elaboración de una solución convincente y la identificación de su cliente ideal. Al seguir estos pasos cruciales, estará bien encaminado para crear un MVP sin código escalable y exitoso que brinde valor real a su público objetivo.

3.1 Identificar el problema: el núcleo de su idea de inicio

Cada startup exitosa se basa en resolver un problema o abordar una necesidad. Ya sea que esté creando un producto u ofreciendo un servicio, todo comienza con la comprensión del problema antes de sumergirse en la posible solución. Como base de su puesta en marcha, el problema no solo debe ser claro y conciso, sino que también debe ser relevante e importante para su público objetivo.

¿Por qué es importante identificar el problema?

Definir el problema es crucial porque sentará las bases para el resto de su proceso MVP sin código. Brinda un enfoque nítido sobre lo que está tratando de lograr y lo ayuda a encontrar soluciones innovadoras. También juega un papel vital en la definición de su público objetivo y la comunicación de la propuesta de valor única de su inicio.

3.1.1 Entender el problema

Para comenzar a comprender el problema, comienza haciéndote estas preguntas:

1. **¿Cuál es el problema que está tratando de resolver?** Indique claramente el problema que ha identificado y proporcione un contexto sobre por qué es importante.
2. **¿Quién se enfrenta actualmente a este problema?** Identifique a las personas u organizaciones que están luchando con el problema que desea abordar.
3. **¿Cómo están las personas actualmente tratando de resolver este problema?** Analizar las soluciones existentes en el mercado e identificar las ineficiencias y limitaciones que tienen.

Puede escribir las respuestas o crear un mapa mental para explorar y conceptualizar visualmente el problema. En cualquier caso, asegúrese de revisar y perfeccionar su comprensión del problema a lo largo del proceso de desarrollo de MVP sin código.

3.1.2 Validar el problema

Una vez que tenga una comprensión clara del problema, es importante validarlo para asegurarse de que vale la pena invertir su tiempo y recursos en la construcción de una solución. Validar el problema significa confirmar que el problema realmente existe y afecta a una audiencia sustancial que está dispuesta a pagar por una solución.

Para validar el problema, considere los siguientes enfoques:

1. **Realice una investigación de mercado:** realice una investigación exhaustiva para recopilar datos, tendencias y reseñas de la industria de su público objetivo, competidores y expertos de la industria.

2. **Hable con clientes potenciales:** entreviste a su público objetivo para obtener información sobre sus puntos débiles, necesidades y preferencias relacionadas con el problema.
3. **Pruebe las soluciones existentes:** use productos o servicios existentes que intenten abordar el problema para ver si son efectivos y dónde se quedan cortos.
4. **Ejecute encuestas y cuestionarios:** recopile comentarios de usuarios potenciales sobre sus experiencias con el problema y lo que esperan de una solución ideal.

Valide el problema recopilando evidencia concreta que demuestre su impacto e importancia para su público objetivo.

3.2 Elaboración de la solución: su propuesta de valor única

Ahora que ha definido y validado el problema, es hora de diseñar su solución. Aquí es donde deberá pensar en qué propuesta de valor única ofrece su startup a su público objetivo. En otras palabras, ¿cómo es su producto o servicio mejor o diferente de las soluciones existentes?

3.2.1 Articular la solución

Para definir de manera clara y concisa su solución, responda las siguientes preguntas:

1. **¿Cuál es su producto o servicio?** Describa su solución en términos simples y claros.
2. **¿Cómo aborda su solución el problema?** Explique cómo su producto o servicio ayuda a resolver el problema y aliviar los puntos débiles.

3. **¿Qué hace que su solución sea única?** Identifique los atributos, características o beneficios únicos que diferencian su solución de las opciones existentes en el mercado.

Sea específico al describir los aspectos clave de su solución, ya que esto lo ayudará a comunicarlo con claridad durante las etapas posteriores del desarrollo y comercialización de MVP.

3.2.2 Refinando la solución

A veces, su solución inicial puede no ser perfecta o incluso factible. Por lo tanto, es esencial perfeccionar su solución en función de los comentarios que reciba de su público objetivo y otras partes interesadas. Considere realizar otra ronda de entrevistas, encuestas o incluso crear un prototipo básico para recopilar comentarios que lo ayudarán a mejorar su solución.

3.3 Identificación de su público objetivo: ¿Quién se beneficiará de su solución?

Un aspecto crucial para definir su idea de inicio es identificar el público objetivo: el grupo de personas u organizaciones que obtendrán el mayor valor de su solución. Su público objetivo es el grupo en el que debe centrar sus esfuerzos de marketing y desarrollo de productos.

3.3.1 Segmentación de la audiencia

Al identificar a su público objetivo, es esencial ser lo más específico posible centrándose en datos demográficos, industrias u otras características definitorias particulares.

Considere segmentar su público objetivo en grupos más granulares en función de:

1. **Datos demográficos:** edad, sexo, nivel educativo, estado civil, etc.
2. **Ubicación geográfica:** país, región, ciudad o clima.
3. **Psicografía:** rasgos de personalidad, valores, pasatiempos y preferencias de estilo de vida.
4. **Características de comportamiento:** Hábitos de gasto, lealtad a la marca, patrones de uso del producto, etc.

Al segmentar su audiencia, estará mejor posicionado para desarrollar un MVP sin código más efectivo, adaptar sus estrategias de marketing y comunicar el valor único de su solución a un mercado receptivo.

3.3.2 Validación de su público objetivo

Al igual que validar el problema, es esencial validar que el público objetivo que identificó esté buscando activamente una solución y esté dispuesto a pagar por ella. Valide a su público objetivo aplicando los mismos métodos utilizados para la validación de problemas, como realizar entrevistas, realizar encuestas y estudiar a la competencia.

En conclusión, definir su idea de inicio requiere un enfoque profundo en la comprensión del problema, la elaboración de una solución innovadora y la identificación de su público objetivo. A medida que avanza en el proceso de desarrollo de MVP sin código, prepárese para iterar y refinar su idea de inicio en función de los comentarios y nuevos conocimientos. Recuerde que las empresas emergentes son dinámicas y adaptarse constantemente a nueva información es fundamental para el éxito.

3.1 El problema: identificar la necesidad

Uno de los aspectos más críticos para iniciar cualquier negocio exitoso es identificar un problema que necesita solución. Un problema representa una brecha entre el estado actual y el estado deseado, y su idea de inicio es su enfoque para llenar esa brecha con una solución innovadora.

Para definir el problema que pretende resolver, puede comenzar con las siguientes preguntas:

- *¿Qué punto de dolor o problema estamos tratando de resolver?* Sea específico y conciso, ya que esto lo ayudará a solidificar el problema y hacerlo más identificable.
- *¿De quién es el problema?* La identificación precisa de su público objetivo lo ayudará a comprender el alcance del problema y la demanda potencial de su producto o solución.
- *¿Cómo se está abordando el problema actualmente?* Investigue el panorama existente para identificar competidores, ofertas complementarias o incluso socios potenciales.
- *¿Cuáles son las limitaciones de las soluciones existentes?* Estos pueden ser el costo, la eficiencia, la escalabilidad o incluso la inconveniencia. Identificar las deficiencias de las soluciones actuales lo ayudará a comprender lo que los clientes podrían estar buscando en una mejor alternativa.

Recuerde que no todos los problemas se crean de la misma manera: algunos problemas pueden ser experimentados diariamente por la mayoría de las personas, mientras que otros pueden afectar solo a un grupo de nicho. Su trabajo es determinar si el problema que ha identificado es lo suficientemente importante como para que la gente pague por la solución propuesta.

3.2 La solución: proponer su enfoque innovador

Una vez que haya definido el problema, puede comenzar a refinar su idea de inicio creando una solución única, viable y atractiva. Esto implica pensar en formas creativas de abordar el problema que sean superiores a las alternativas existentes. Para fortalecer su solución propuesta, considere los siguientes factores:

- *¿Cuál es tu propuesta de valor?* Su propuesta de valor es una declaración clara de los beneficios que ofrece su producto o servicio, y debe ser la razón principal por la que los posibles clientes elegirían su solución en lugar de la de la competencia.
- *¿Cómo es su solución única o diferente de las alternativas existentes?* Piense en las características y los elementos de su producto o servicio que lo distinguen de otras ofertas.
- *¿Existen barreras de entrada para los competidores?* Identifique cualquier posible ventaja competitiva que pueda dificultar que otros reproduzcan su idea.

Es importante recordar que su solución no tiene que ser perfecta para comenzar a validar su idea de inicio: el proceso de validación lo ayudará naturalmente a refinar y optimizar su oferta. Comience con un producto mínimo viable (MVP), la versión más básica de su producto, y use los comentarios para iterar y mejorar a medida que avanza.

3.3 El público objetivo: comprender a sus clientes

Comprender a su público objetivo es crucial por muchas razones, desde la comercialización efectiva de su producto hasta la iteración y el perfeccionamiento de su oferta en función de los comentarios de los clientes. Para identificar a quién exactamente atenderá, considere las características de quienes enfrentan el problema que está tratando de resolver.

Comienza respondiendo estas preguntas:

- *¿Quiénes son los más afectados por el problema?* Esto podría ser un área geográfica, industrial o demográfica específica.
- *¿Qué otros atributos comparten tus clientes potenciales?* Esto podría incluir sus hábitos, preferencias o valores, y lo ayudará a comprender mejor sus necesidades y deseos.
- *¿Qué motiva a tu público objetivo?* En otras palabras, ¿qué es lo más importante para ellos cuando se trata del problema que estás tratando de resolver?
- *¿Dónde puedes encontrar a tu público objetivo?* Saber dónde pasa su tiempo su mercado objetivo, en línea o fuera de línea, será invaluable cuando se trata de llegar a ellos con sus esfuerzos de marketing.

Una vez que tenga una comprensión clara de su público objetivo, puede comenzar a crear personas: personajes ficticios que encarnan los rasgos y características de sus usuarios ideales. Utilice estas personas como una referencia útil durante el desarrollo y la comercialización de productos para garantizar que sus mensajes resuenen con sus clientes y que su solución satisfaga sus necesidades.

En resumen, definir con éxito tu idea de startup pasa por aclarar el problema que estás resolviendo, proponer una solución única e innovadora e identificar a tu público objetivo. Con estos elementos en su lugar, tendrá una base sólida para comenzar a validar su idea y repetir su MVP para lograr el éxito.

4. Diseño de una experiencia de usuario convincente: creación de prototipos y diseño de productos

Wireframes y Mockups: visualización de su producto

Antes de sumergirse en las herramientas sin código para comenzar a construir su prototipo, es crucial dedicar tiempo a pensar en cómo se verá y se sentirá su producto y cómo interactuarán sus usuarios con él. Para eso, debes comenzar con **wireframes y maquetas** . Estos bocetos o diagramas simples, a menudo en blanco y negro, le ahorrarán incontables horas de desarrollo, ya que brindan una representación visual de su aplicación o producto.

Estructuras alámbricas

El propósito principal de crear wireframes es diseñar la estructura general y los componentes de su aplicación o producto. Son como los "planos" para su futuro prototipo. Los wireframes ofrecen varios beneficios:

- Le ayudan a visualizar de antemano qué componentes necesitará para cada parte de su aplicación o sitio web.

- Dado que no se centran en la estética, los wireframes te permiten concentrarte en la funcionalidad y la interactividad.
- Los wireframes son rápidos de crear y fáciles de actualizar, lo que significa que puede iterar en su diseño rápidamente y recibir comentarios según sea necesario.

Hay muchas herramientas disponibles para crear wireframes, tanto gratuitas como de pago. Algunas opciones populares incluyen Sketch, Figma, Balsamiq Mockups y Adobe XD. Independientemente de la herramienta que utilice, recuerde que el propósito de una estructura alámbrica es diseñar los elementos básicos de su aplicación, no diseñar todo.

maquetas

Mientras que los wireframes definen la estructura y los componentes, las maquetas agregan una capa de elementos visuales a estas estructuras. Las maquetas son más detalladas que los wireframes y representan la apariencia de su producto o aplicación, incluidos los colores, la tipografía, los íconos y las imágenes. Son útiles para:

- Brindar una representación más realista de su aplicación, lo que facilita la comunicación y el uso compartido con otros.
- Ayudarlo a identificar cualquier inconsistencia en su diseño y descubrir posibles problemas antes de que comience el desarrollo real
- Aclarar cualquier suposición que haya hecho sobre la interfaz de usuario o el diseño general de su aplicación

Al igual que con los wireframes, existen numerosas herramientas disponibles para crear maquetas. Algunas de las opciones populares son Sketch, Figma, Adobe XD e InVision. Al crear sus maquetas, tenga en cuenta que están destinadas a dar una imagen clara de cómo se verá el producto final, así que tómese el tiempo para considerar cada aspecto visual con cuidado.

Creación de un flujo de usuario

Una vez que haya creado wireframes y maquetas, el siguiente paso es mapear el flujo de usuarios: literalmente, los pasos que los usuarios seguirán para navegar a través de su aplicación o producto. El objetivo principal de diseñar flujos de usuarios es garantizar que su producto ofrezca una experiencia fluida de principio a fin.

Para crear un flujo de usuario, siga estos pasos:

1. **Defina los objetivos:** escriba los objetivos principales o las tareas que se espera que los usuarios realicen con su aplicación, como registrarse, comprar un producto o buscar información.
2. **Enumere los pasos:** para cada objetivo, escriba los pasos detallados que los usuarios deben seguir para lograr sus objetivos.
3. **Cree un diagrama de flujo:** represente visualmente el viaje del usuario mediante la creación de un diagrama de flujo simple que vincule cada paso en el proceso general. Use flechas y puntos de decisión para indicar conexiones o rutas de ramificación.
4. **Identifique problemas potenciales:** revise su diagrama de flujo e identifique posibles obstáculos, momentos confusos o pasos innecesarios. Busque oportunidades para simplificar la experiencia del usuario o hacerla más intuitiva.

Una vez que haya completado su flujo de usuario, es hora de conectar sus esquemas y maquetas para crear una comprensión más completa del diseño de su producto. Este grupo interrelacionado de documentos se puede denominar **kit de UI/UX de su producto** .

Dando vida a su diseño: Construyendo un prototipo interactivo

Ahora que tiene una comprensión clara de los componentes principales y la experiencia del usuario de su aplicación o producto, es hora de hacerlo interactivo. Un prototipo interactivo es un paso vital en el proceso de construcción y validación de su idea de inicio, ya que le permite descubrir y probar cómo funcionará su aplicación y cómo los usuarios interactuarán con ella. Con un prototipo funcional, puede recopilar comentarios y realizar los cambios necesarios antes de comprometer recursos para el desarrollo completo.

Al construir un prototipo interactivo, el enfoque sin código resulta útil. Existen numerosas herramientas sin código disponibles para ayudarlo a crear rápidamente prototipos funcionales que se pueden probar en varios dispositivos. Algunas herramientas populares de creación de prototipos sin código incluyen InVision, Framer, Webflow y Bubble. Cada uno tiene sus atributos y limitaciones, así que asegúrate de elegir el que mejor se adapte a tus necesidades.

A medida que crea su prototipo utilizando la herramienta sin código que eligió, use sus esquemas y el kit de UI/UX para guiarlo en la adición de componentes y el diseño del diseño, asegurándose de mantener la usabilidad y la experiencia del usuario en primer plano.

Una vez que su prototipo esté completo, es hora de probarlo con usuarios reales. Comparta el enlace a su prototipo con un grupo diverso de personas y anímelos a explorar, interactuar y descubrir cualquier problema potencial o área de mejora. Idealmente, debe probar su prototipo con usuarios que se ajusten a su público objetivo para obtener los comentarios más precisos y relevantes.

Validar e iterar: probar su prototipo y recopilar comentarios

Con su prototipo en manos de sus evaluadores, su principal prioridad debe ser recopilar y evaluar los comentarios. Los evaluadores pueden identificar problemas ocultos, sugerir mejoras o revelar características esenciales para su experiencia de usuario. Estos comentarios lo guiarán en última instancia para refinar e iterar el diseño de su producto.

Al recopilar comentarios, tenga en cuenta estos consejos:

- Proporcione un método claro para que los usuarios compartan sus opiniones, como un formulario de comentarios, una dirección de correo electrónico o una función de chat.
- Fomente la retroalimentación honesta, buscando aportes tanto positivos como negativos.
- Evite preguntas capciosas que puedan sesgar los resultados o influir en las opiniones de los evaluadores.
- Tome notas, registre observaciones y recopile sus hallazgos para un análisis posterior.

Después de recopilar los comentarios de sus evaluadores, identifique los problemas más comunes o apremiantes, priorícelos y categorícelos, y comience a iterar su diseño para abordar estas inquietudes. Este proceso puede implicar la actualización de wireframes, el rediseño de maquetas y la alteración de los flujos de usuarios, mientras se mantiene el enfoque en crear una experiencia de usuario intuitiva y sin inconvenientes que aborde los puntos débiles, los deseos y las expectativas reales de su público objetivo.

Recuerde, construir y validar una idea de inicio es un proceso continuo de aprendizaje, iteración y mejora. Para tener éxito, debe evolucionar constantemente su aplicación o producto en función de los comentarios de los usuarios y las condiciones cambiantes del mercado. Al aprovechar el poder de las herramientas y técnicas sin código, puede adaptar y mejorar rápidamente su prototipo, asegurándose de estar siempre en el camino correcto para lograr el ajuste del producto al mercado.

4.1 Creación de prototipos y diseño de productos: pasos clave para crear un MVP sin código con una experiencia de usuario excepcional

Al crear un MVP (Producto mínimo viable) sin código, no solo intenta crear algo funcional: su objetivo es desarrollar una oferta tan irresistible que los usuarios estén emocionados de probarlo, les encante usarlo y no puedan esperar. para contárselo a sus amigos. Para lograrlo, debes diseñar un producto con una experiencia de usuario (UX) excepcional. Los siguientes pasos lo guiarán a través del proceso de creación de un MVP sin código que ofrezca precisamente eso.

4.1.1 Comprenda a sus usuarios

Antes incluso de comenzar a diseñar su MVP, necesita saber para quién está diseñando. Comprender a su público objetivo, sus comportamientos, preferencias y puntos débiles le permitirá diseñar una oferta que realmente resuene con ellos. Comience con las siguientes técnicas:

- **Personas:** cree personajes ficticios que representen a sus usuarios ideales: quiénes son, qué hacen, qué les importa y cuáles son sus objetivos.
- **Mapas de empatía:** utilícelos para capturar los pensamientos, las emociones y las experiencias de los usuarios, ayudándole a empatizar con sus necesidades.
- **Mapeo del viaje del usuario:** identifique las diferentes etapas por las que pasan sus usuarios al interactuar con su producto, y las emociones y acciones que toman durante cada fase.

4.1.2 Definición del problema

Su MVP debe resolver un problema específico o satisfacer una necesidad clara de su público objetivo. Para definir esto:

- Identifique los mayores puntos débiles o las necesidades insatisfechas en la vida de sus usuarios.
- Realice investigaciones de usuarios, entrevistas o encuestas para validar el problema y comprender mejor las perspectivas de los usuarios.
- Articule claramente el problema que desea resolver y genere consenso dentro de su equipo.

4.1.3 Conceptualice su solución

Ahora que comprende a sus usuarios y sus desafíos, puede comenzar a pensar en posibles soluciones. Considera lo siguiente:

- Dibuje o escriba posibles características y flujos de usuarios que aborden el problema.
- Valide su solución con usuarios reales: realice entrevistas y analice sus reacciones para determinar si su solución realmente satisface sus necesidades.
- Refine e itere su solución en función de los comentarios, asegurándose de que realmente aborde los puntos débiles de los usuarios.

4.1.4 Crear estructuras alámbricas

Antes de construir su MVP, visualice el producto final creando esquemas. Estas representaciones simples, similares a bocetos, muestran el diseño y las características clave de su aplicación o sitio web.

- Use una herramienta de estructura de alambre sin código para crear estructuras de alambre para cada paso de su flujo de usuario.
- Asegúrese de que sus wireframes se centren en las necesidades del usuario y muestren claramente su solución.
- Valide sus wireframes con los usuarios, incorporando sus comentarios para mejorar UX.

4.1.5 Prototipo y prueba

Con los wireframes en la mano, es hora de convertirlos en un prototipo en el que se pueda hacer clic, una representación realista de su producto final. Si bien aquí se pueden usar herramientas completas sin código, considere usar una herramienta de creación de prototipos especializada para agilizar el proceso.

- Utilice una herramienta de creación de prototipos sin código para convertir sus esquemas en un prototipo completamente interactivo.
- Refine su prototipo en función de las pruebas y los comentarios de los usuarios.
- Repita su diseño, pruebe y perfeccione hasta que tenga un producto que a los usuarios les encante.

4.1.6 Elija las herramientas correctas sin código

Hay varias herramientas sin código disponibles para crear MVP, y elegir las correctas es crucial para crear una experiencia de usuario perfecta. Tenga en cuenta los siguientes factores al seleccionar las herramientas:

- Capacidades y limitaciones de la herramienta: asegúrese de que las herramientas elegidas puedan manejar las funciones e integraciones requeridas.
- Rentabilidad, escalabilidad y posibles iteraciones futuras.
- Soporte comunitario y recursos en línea para solucionar problemas y aprender.

4.1.7 Cree su MVP

Con un prototipo rigurosamente probado y las herramientas adecuadas sin código, está listo para construir su MVP.

- Utilice las herramientas sin código elegidas para implementar funciones de productos, elementos de diseño y flujos de usuarios.
- Pruebe e itere continuamente durante el proceso de desarrollo.

- Prepare su MVP para el lanzamiento (envío a las tiendas de aplicaciones, implementación de su sitio web, etc.).

4.1.8 Recopilar comentarios e iterar

Su trabajo no termina con el lanzamiento de MVP. Debe continuar recopilando comentarios de los usuarios, analizar datos y mejorar su oferta.

- Capture los comentarios de los usuarios a través de encuestas, entrevistas, análisis, pruebas de usabilidad, etc.
- Identifique áreas de mejora o nuevas características que mejorarán UX.
- Utilice los conocimientos adquiridos para actualizar y optimizar su MVP, iterando hasta que haya logrado el ajuste del producto al mercado.

Al seguir estos pasos, transformará una idea en un atractivo MVP sin código que ofrece una experiencia de usuario excepcional, deleitando a los usuarios mientras da vida a su idea de inicio.

4.1. Creación de prototipos y diseño de productos: una inmersión profunda

El proceso de diseño es una parte integral del desarrollo de cualquier producto, tangible o digital. Es la fase en la que los conceptos e ideas que tiene en mente comienzan a hacerse realidad, lo que le permite refinar y validar la experiencia del usuario antes de invertir tiempo y recursos en la creación del producto. En el enfoque "MVP sin código", la creación de prototipos y el diseño de productos son especialmente útiles para crear prototipos representativos, que le permitirán iterar y pivotar más fácilmente si es necesario. En esta subsección, profundizaremos en el mundo de la creación de prototipos y el diseño de productos y cómo se aplican para crear experiencias de usuario convincentes.

4.1.1. Comprender los objetivos de la creación de prototipos

El objetivo principal de la creación de prototipos es crear una representación visual de la solución propuesta para un problema específico. Esta versión preliminar y abstracta de su producto abarca las características y funciones principales que idealmente debería proporcionar a los usuarios. El proceso de creación de prototipos le permite generar y probar rápidamente diferentes ideas y extraer información de ellas para mejorar el diseño. Aquí hay algunos objetivos específicos que la creación de prototipos puede ayudarlo a lograr:

1. **Visualiza tu concepto** : Desarrollar un prototipo ofrece la oportunidad de transformar ideas abstractas en una forma visible y tangible que otros puedan entender fácilmente.
2. **Identifique fallas y limitaciones** : la creación de prototipos le permite descubrir y corregir cualquier deficiencia, incluidos los problemas de usabilidad, antes de invertir en el proceso de desarrollo real.
3. **Recopile comentarios** : puede recopilar comentarios de los usuarios o partes interesadas con su prototipo, lo que puede ayudarlo a refinar aún más su producto en función de sus necesidades y expectativas.
4. **Pruebe diferentes soluciones** : con un enfoque rápido e iterativo, la creación de prototipos le permite probar diferentes soluciones o características y evaluar qué funciona mejor dentro de su producto.

4.1.2. Tipos de prototipos

Los prototipos se pueden clasificar en diferentes categorías según el nivel de fidelidad, que se refiere a qué tan detallado y pulido es el prototipo. Generalmente, los prototipos se pueden clasificar en los siguientes tipos:

1. **Prototipos de baja fidelidad** : estos tipos de prototipos suelen ser simples y toscos, y van desde bocetos en papel hasta estructuras alámbricas básicas. Son rápidos y rentables de producir, lo que le permite explorar e iterar ideas rápidamente. Son particularmente útiles en las primeras etapas del diseño, cuando todavía está identificando y validando las funciones principales.

2. **Prototipos de fidelidad media** : como su nombre lo indica, los prototipos de fidelidad media se encuentran entre los de fidelidad baja y alta en términos de detalle y pulido. A menudo se asemejan más al diseño final o al aspecto del producto, pero aún pueden carecer de interactividad y marca. Estos prototipos pueden ser útiles cuando necesita presentar imágenes más detalladas para la aceptación de las partes interesadas o las pruebas de los usuarios.

3. **Prototipos de alta fidelidad** : este tipo de prototipo se parece mucho al producto final, incluidos los aspectos de diseño visual, interactividad y capacidad de respuesta, lo que permite una prueba de usuario más eficaz. Sin embargo, los prototipos de alta fidelidad pueden llevar mucho tiempo y ser costosos de crear, por lo que normalmente se reservan para las últimas etapas del proceso de diseño, cuando el concepto es más refinado y claro.

4.1.3. Herramientas de creación de prototipos sin código

Hay varias herramientas sin código disponibles en la actualidad que pueden ayudarlo a diseñar prototipos sin necesidad de conocimientos de programación. Aquí hay algunas herramientas populares de creación de prototipos sin código que puede considerar:

1. **Figma** : Figma es una herramienta de diseño colaborativo basada en la web que le permite crear, crear prototipos y recopilar comentarios en un solo lugar. Ofrece una amplia gama de funciones, como diseño automático, componentes y herramientas de creación de prototipos que pueden ayudar a agilizar su proceso de diseño.

2. **Adobe XD** : Adobe XD es una herramienta de diseño basada en vectores que proporciona potentes funciones de creación de prototipos, lo que le permite crear estructuras alámbricas interactivas y prototipos de alta fidelidad sin esfuerzo.

3. **Sketch** : Sketch es otra popular herramienta de diseño basada en vectores que se utiliza principalmente para crear interfaces de usuario. Aunque no es una herramienta basada en web como Figma, Sketch ofrece varios complementos e integraciones que pueden ayudar a mejorar la productividad y la colaboración.

4. **InVision** : InVision proporciona un conjunto de herramientas de diseño y creación de prototipos que le permiten crear y probar prototipos funcionales en varios dispositivos. Las integraciones con herramientas como Sketch y Photoshop lo hacen aún más versátil y poderoso.

4.1.4. Pasos para crear un prototipo efectivo

1. **Defina el problema y la solución** : antes de pasar al diseño, es crucial delinear claramente el problema

que está abordando y la solución propuesta. Cree una lista de características principales que su prototipo debe incluir para resolver el problema de manera efectiva.

2. **Elija la fidelidad adecuada** : seleccione el nivel de fidelidad adecuado para su prototipo según la etapa de su proceso de diseño y los objetivos que desee alcanzar. Comience con prototipos de baja fidelidad para explorar y refinar ideas antes de pasar a los de mayor fidelidad.

3. **Esboce el flujo del usuario** : mapee el viaje del usuario y los puntos de contacto clave en diferentes pantallas, detallando las acciones e interacciones que realizarán sus usuarios. Esto servirá como modelo para su prototipo.

4. **Diseñe el diseño y las interacciones** : con la herramienta de creación de prototipos sin código que elija, cree el diseño, las imágenes y las interacciones que definen su prototipo. Apunta a la legibilidad, usabilidad y consistencia a lo largo de tu diseño.

5. **Probar e iterar** : una vez que tenga un prototipo en funcionamiento, realice pruebas de usuario para recopilar comentarios e identificar cualquier problema o falla de usabilidad. Repita el diseño en función de los conocimientos que haya recopilado de las pruebas para mejorar la experiencia del usuario.

En conclusión, la creación de prototipos y el diseño de productos son aspectos vitales para diseñar una experiencia de usuario convincente. Al comprender los objetivos de la creación de prototipos, saber cuándo usar diferentes tipos de prototipos y utilizar herramientas de creación de prototipos sin código, estará bien equipado para crear prototipos funcionales y visualmente atractivos que pueden optimizar su proceso de diseño y mejorar sus posibilidades de lograr éxito con su idea de inicio.

4.1 Fundamentos de creación de prototipos y diseño de productos

Antes de sumergirnos en la fase de creación de prototipos, debemos comprender los fundamentos del diseño de una experiencia de usuario convincente. El resultado de este proceso es un prototipo interactivo que sirve como representación visual de su idea. Pero ¿Por qué es importante? Un prototipo bien diseñado:

1. Te ayuda a comunicar mejor tus ideas.
2. Facilita la colaboración con los miembros del equipo y otras partes interesadas.
3. Permite la prueba y validación del usuario antes de invertir tiempo y recursos significativos en el desarrollo

El gran diseño no solo cumple con las expectativas del usuario, sino que también va más allá y brinda experiencias que los usuarios adorarán. Para lograr esto, debe seguir algunos principios esenciales de diseño de productos y experiencia de usuario.

4.1.1 Empatía y Diseño Centrado en el Usuario

Una excelente experiencia de usuario comienza por comprender a su público objetivo: sus necesidades, motivaciones y puntos débiles. Este enfoque lo lleva a diseñar soluciones que resuenan con sus usuarios y resuelven sus problemas de manera efectiva.

- **Personas** : cree perfiles de usuario ficticios que representen a personas del mundo real que finalmente usarán su producto. Las personas lo ayudan a comprender la demografía, los patrones de comportamiento, las motivaciones y los objetivos.

- **Historias de usuarios** : escriba historias de usuarios para describir cómo los usuarios interactuarán con su producto, centrándose en el valor que recibirán de él. Este ejercicio le ayuda a diseñar las características esenciales que abordan sus problemas.
- **Flujos de usuarios** : diseñe los viajes de los usuarios de principio a fin, trazando los posibles caminos que pueden tomar mientras usan su producto. Este paso lo ayuda a identificar puntos de fricción, cuellos de botella y áreas de mejora.

4.1.2 Claridad y simplicidad

Su prototipo debe ser intuitivo y fácil de usar. Un diseño claro y sencillo elimina la confusión del usuario y reduce la curva de aprendizaje.

- **Simplicidad** : Solo incluye elementos esenciales en tu diseño. Este enfoque facilita a los usuarios encontrar lo que necesitan.
- **Coherencia** : asegúrese de que los elementos de diseño, como los colores, las fuentes y los botones, sean coherentes en todo su producto.
- **Comentarios** : proporcione a los usuarios comentarios en tiempo real sobre sus acciones. Esta interacción les ayuda a comprender el estado actual del sistema y evita errores.

4.1.3 Proceso de diseño y herramientas

El desarrollo de un prototipo es un proceso iterativo. Por lo general, comienza con un primer borrador, seguido de múltiples ciclos de diseño y retroalimentación antes de llegar a la versión final. Hay muchas herramientas disponibles para crear prototipos digitales, como Figma, Sketch y Adobe XD. Elige la herramienta que mejor se adapte a tus necesidades y comienza a explorar sus funcionalidades.

- **Bocetos** : Comience con lápiz y papel para dibujar estructuras alámbricas de baja fidelidad, también conocidas como maquetas. Este paso le permite visualizar sus ideas e iterar rápidamente sin empantanarse con las complejidades de la herramienta.
- **Wireframing** : cree maquetas digitales más refinadas, enfatizando el diseño y la estructura de su diseño. Este paso define aún más los elementos de la interfaz de usuario (UI) y sus relaciones.
- **Creación de prototipos de alta fidelidad** : Desarrolle un prototipo interactivo de alta fidelidad utilizando su herramienta de diseño preferida. El objetivo es crear una representación realista de su producto final, que pueda probarse con usuarios reales.

4.2 Pruebas y validación de usuarios

Una vez que haya diseñado su prototipo, es hora de ponerlo frente a usuarios reales para recopilar información valiosa sobre su usabilidad, conveniencia y viabilidad.

4.2.1 Objetivos de la prueba y reclutamiento de participantes

Antes de realizar pruebas de usuario, establezca objetivos claros para ayudar a evaluar el rendimiento del prototipo. Considera lo siguiente:

- Relevancia: pruebe su propuesta de valor y el concepto general del producto.
- Usabilidad: evalúe la facilidad de uso y la capacidad de aprendizaje de su prototipo.
- Deseabilidad - Evaluar la respuesta emocional y la satisfacción del usuario.

Una vez que conozca sus objetivos de prueba, reclute participantes que se parezcan a sus usuarios objetivo para garantizar información válida y procesable.

4.2.2 Tipos de pruebas de usuario

Existen varios métodos de prueba de usuario, que van desde técnicas informales hasta técnicas formales. Elija el método que mejor se adapte a sus necesidades y recursos.

- **Pruebas de guerrilla** : un método de prueba informal, rápido y rentable que consiste en llevar su prototipo a lugares públicos y pedir a la gente su opinión.
- **Pruebas de usabilidad remotas** : Realice pruebas en línea utilizando herramientas como UsabilityHub o Lookback.io, lo que le permite probar con participantes de todo el mundo.
- **Pruebas de usabilidad en persona** : invite a los participantes a su ubicación de prueba para una sesión de prueba moderada. Este método permite una retroalimentación cualitativa más profunda.

4.2.3 Análisis de resultados e iteración

Después de recopilar los comentarios de los usuarios, el siguiente paso es analizar los resultados e identificar áreas de mejora. Busque patrones y tendencias, como problemas recurrentes o aspectos positivos que puedan informar oportunidades de mejora. Utilice esta información para iterar en su prototipo y refinar su diseño.

Recuerde, el objetivo es crear una experiencia de usuario convincente que resuene con su público objetivo. Al seguir los principios del diseño de productos, empatizar con los usuarios y realizar pruebas rigurosas, puede dar vida a su MVP sin código y sentar las bases para una puesta en marcha exitosa.

4.1 Elaboración del prototipo perfecto: consejos y herramientas para MVP sin código

Antes de discutir varios consejos sobre el diseño de productos y la creación de prototipos para su nuevo MVP sin código, es esencial comprender primero qué es un prototipo. Un prototipo es esencialmente una simulación interactiva de su producto final hecho con el único propósito de probarlo y validarlo. Le permite identificar los principales puntos de fricción de la experiencia del usuario, las posibles limitaciones técnicas y las fallas de diseño, que pueden superarse antes del lanzamiento.

El diseño de una experiencia de usuario convincente comienza con la creación de un prototipo bien diseñado. El objetivo de esta subsección es brindarle consejos prácticos y presentarle las mejores herramientas para ayudarlo en su camino hacia el diseño del MVP sin código perfecto.

4.1.1 Defina sus objetivos y público objetivo

El primer paso para diseñar un prototipo convincente es definir claramente la intención y los objetivos de su producto, así como el público objetivo. Este trabajo fundamental garantizará que su proceso de diseño esté alineado con su estrategia general de producto.

Objetivos

- Describa los objetivos de su producto: estos pueden incluir aumentar la participación del usuario, impulsar las ventas o aumentar el conocimiento de la marca.
- Defina su MVP (Producto mínimo viable): descubra qué conjunto mínimo de características puede ayudarlo a lograr los resultados deseados, mientras consume la menor cantidad de recursos posible.

Público objetivo

- ¿Quiénes son tus clientes/usuarios ideales? Sea específico y cree personajes de usuario que enumeren datos demográficos, comportamientos y preferencias.
- Identifique sus puntos débiles y necesidades, para que pueda adaptar su solución para resolver esos problemas.

4.1.2 Dibuje su flujo de usuario e interfaces de usuario

Su prototipo debe representar el viaje de un visitante a través de su producto y describir los pasos que seguirán para lograr el resultado deseado. A continuación se explica cómo dibujar estos flujos e interfaces:

- Cree una descripción de alto nivel de cada viaje del usuario, desglosando los pasos que los usuarios seguirán, los botones en los que harán clic y la información que necesitarán para completar sus objetivos.

- Para cada paso correspondiente, cree un boceto aproximado de la interfaz de usuario que incluya los elementos necesarios para esa interacción. Concéntrese en la simplicidad y la claridad en sus bocetos.

4.1.3 Elija sus herramientas de creación de prototipos y diseño de productos sin código

Con sus bocetos en la mano, necesitará un conjunto de herramientas para comenzar el proceso de diseño real. Hay muchas herramientas sin código disponibles en el mercado que se adaptan a diversas capacidades de diseño y presupuestos. Aquí hay algunas herramientas populares de diseño sin código para ayudarlo a crear un prototipo de aspecto profesional:

- **Figma:** una herramienta de diseño basada en la nube que es fácil de aprender y viene con un sólido plan gratuito. Figma permite la colaboración en tiempo real y es compatible con todo el proceso de creación de prototipos, incluido el diseño, la estructuración de cables y la creación de prototipos.
- **Sketch:** una herramienta de diseño específica de MacOS con una interfaz poderosa y complementos que la convierten en una opción popular entre los diseñadores. Aunque no es una herramienta sin código, es esencial tener en cuenta que muchas otras herramientas sin código se integran con Sketch.
- **Adobe XD:** una herramienta rica en funciones con una interfaz de usuario similar a otros productos de Adobe. XD ofrece herramientas de diseño, creación de prototipos y colaboración, y gestión de sistemas de diseño, todo en una sola aplicación.

4.1.4 Probar e iterar

Probar su prototipo es un paso invaluable para identificar posibles problemas y debilidades en el diseño. Además, lo ayudará a refinar su solución y eventualmente crear un mejor producto final. Para probar e iterar de manera efectiva, considere lo siguiente:

- **Pruebas de usuario:** realice pruebas de usabilidad con su público objetivo, idealmente utilizando sus personajes de usuario. Pídales que pasen por los diversos recorridos de los usuarios en su prototipo y recopile comentarios.
- **Comentarios:** aliente a los usuarios a proporcionar comentarios honestos sobre su experiencia general, así como los aspectos que disfrutaron, no entendieron o no les gustaron. Esta información proporcionará información procesable sobre qué mejorar.
- **Iteración:** use los comentarios recopilados para actualizar su prototipo, implementando cambios y mejoras. Esto puede implicar modificar la interfaz de usuario o incluso revisar toda su estrategia de diseño.

4.1.5 Apuntar siempre a la mejora

Reconozca que la experiencia del usuario es un objetivo en movimiento, y siempre habrá espacio para mejorar. Adopte una cultura de aprendizaje continuo, experimentación e iteración para garantizar que su producto nunca deje de mejorar. Esté atento a las tendencias de diseño emergentes, la innovación en tecnología y los cambios en el comportamiento de los usuarios para mantenerse a la vanguardia en el juego.

Siguiendo estos pasos prácticos y con la ayuda de herramientas sin código, puede construir y validar rápidamente un prototipo bien diseñado para su idea de inicio. Una experiencia de usuario convincente será, sin duda, la piedra angular del éxito de su producto, así que invierta tiempo y esfuerzo para hacer que su prototipo sea atractivo, visualmente atractivo y fácil de usar.

5. Creación de su MVP sin código: guía paso a paso

5.2. Preparación y planificación de su MVP sin código

Antes de comenzar a construir su MVP sin código, es esencial preparar y planificar minuciosamente su proyecto para asegurarse de que su MVP valide efectivamente su idea de inicio. La planificación adecuada también lo ayuda a maximizar los beneficios del uso de herramientas sin código y minimiza cualquier obstáculo potencial durante el desarrollo. Aquí, dividiremos el proceso de planificación en pasos más pequeños y nos sumergiremos en cada uno de ellos.

5.2.1. Defina su enunciado del problema

Todo comienza con la identificación del problema que desea resolver. La declaración de su problema debe ser concisa, clara y centrada en el punto de dolor que está abordando. Considere las siguientes preguntas cuando elabore su declaración del problema:

- ¿Cuál es el problema que está tratando de resolver?
- ¿Quién se enfrenta a este problema?
- ¿Por qué vale la pena resolver este problema?

Una declaración efectiva del problema debería verse así: "Los diseñadores independientes enfrentan dificultades para administrar sus proyectos y comunicarse con los clientes, lo que resulta en pérdida de tiempo e ingresos".

5.2.2. Establezca su mercado objetivo

Una vez que haya identificado el problema que desea resolver, el siguiente paso es identificar el mercado objetivo que se beneficiaría más de su solución. Realice estudios de mercado para identificar su grupo demográfico objetivo, comprender sus necesidades y preferencias, y evaluar la rentabilidad de su nicho. Un mercado objetivo bien definido le permite crear una experiencia de usuario personalizada y aumenta la probabilidad de que su MVP sin código resuene con los usuarios.

5.2.3. Describa su propuesta de valor

Su propuesta de valor lo diferencia de la competencia y destaca los beneficios únicos que su solución ofrece a su mercado objetivo. Debe resumir los factores clave que hacen que su producto sea ideal para abordar el problema que ha identificado. Escriba una propuesta de valor convincente para expresar de manera sucinta el valor de su producto y las razones por las que los usuarios deberían elegir su solución sobre otras.

5.2.4. Bosqueje sus flujos de usuario

Los flujos de usuarios son una representación visual de los pasos que toman los usuarios para realizar una acción específica en su aplicación o sitio web. Comience identificando las acciones más importantes que desea que los usuarios realicen en su MVP sin código, como registrarse, iniciar sesión, realizar una compra o proporcionar comentarios. Luego, dibuje los caminos que toman los usuarios para completar esas acciones. El mapeo de flujos de usuarios lo ayuda a crear una experiencia de usuario perfecta y garantizar que su MVP sin código satisfaga las necesidades de sus usuarios.

5.2.5. Enumere las características y la funcionalidad

Ahora es el momento de definir las características y la funcionalidad que incluirá en su MVP sin código. La clave aquí es priorizar el conjunto mínimo de características necesarias para probar su hipótesis y validar su idea. Elija las características que se alineen con la declaración de su problema y brinden el mayor valor a sus usuarios. Recuerde, su objetivo es construir un prototipo sencillo y comprobable, así que evite el exceso de ingeniería y cíñase a lo esencial.

5.2.6. Elija sus herramientas y plataformas sin código

Con una comprensión clara de lo que desea construir, es hora de elegir las herramientas sin código que mejor se adapten a los requisitos de su proyecto. Deberá evaluar varias plataformas sin código con respecto a la facilidad de uso, las capacidades de integración, la escalabilidad, el costo y las opciones de soporte. Utilice su lista de características y funciones, así como sus flujos de usuarios, para guiar su proceso de selección. Es crucial elegir las herramientas adecuadas desde el principio, ya que cambiar a mitad de desarrollo puede llevar mucho tiempo y ser costoso.

5.2.7. Desarrollar un plan de prueba y retroalimentación

Para garantizar el éxito de su MVP sin código, es crucial recopilar comentarios de los usuarios e iterar su producto en función de esa entrada. Establezca un marco sólido de evaluación y retroalimentación que incluya:

- Identificar los indicadores clave de rendimiento (KPI) que utilizará para evaluar su MVP.
- Decidir cuándo y cómo recopilar comentarios de los usuarios (por ejemplo, encuestas, entrevistas, análisis o pruebas de usuarios).
- Integrar un ciclo de retroalimentación en su proceso de desarrollo para informar futuras iteraciones y mejoras.

5.2.8. Crear una línea de tiempo y un plan de recursos

Finalmente, trace un cronograma del proyecto que incluya hitos y fechas de finalización objetivo para las diversas tareas y características. Asigne recursos, como los miembros de su equipo, a tareas específicas en función de sus habilidades y experiencia. Tenga en cuenta posibles retrasos, como limitaciones de herramientas o problemas de desarrollo inesperados.

Completar estos pasos lo equipará con un plan integral para guiar su creación de MVP sin código. Con su plan en la mano, puede continuar con la construcción, prueba e iteración de su producto para validar rápidamente su idea de inicio e impulsarla hacia el éxito.

5.2 Definición de las características principales de su MVP

Para crear un MVP sin código exitoso (Producto mínimo viable), debe definir las características principales de su producto que se construirán, probarán y entregarán en el menor tiempo posible. Estas características principales deberían ser suficientes para resolver el problema principal o satisfacer la principal necesidad de sus clientes objetivo, permitiéndole validar su idea de inicio de forma rápida e iterativa. En esta sección, veremos una guía paso a paso para definir las características principales de su MVP.

5.2.1 Establezca su propuesta de valor

Comienza por identificar la principal propuesta de valor de tu producto o servicio. ¿Cuál es el principal problema o necesidad que su producto está abordando? ¿Qué valor obtendrán sus clientes al usar su producto? Sea lo más específico posible al describir la propuesta de valor porque le ayudará a concentrarse en las características esenciales para entregar ese valor.

Por ejemplo, consideremos una aplicación ficticia sin código: "BudgetBuddy". La propuesta de valor de BudgetBuddy es ayudar a los usuarios a gestionar y realizar un seguimiento activo de sus finanzas personales dentro de una única plataforma, lo que les permite tomar decisiones informadas sobre sus hábitos de gasto para ahorrar más.

5.2.2 Determine sus usuarios principales y sus necesidades

Identifique para quién está construyendo el MVP y cuáles son sus necesidades. Sus usuarios principales pueden ser un subconjunto de su público objetivo, y sus necesidades lo ayudarán a priorizar qué funciones incluir en su MVP. Comience por crear 2 o 3 personajes de usuario detallados que representen a sus usuarios principales y enumere sus necesidades específicas relacionadas con su propuesta de valor.

Para BudgetBuddy, los usuarios principales pueden ser:

1. Jóvenes profesionales en activo que normalmente gastan de más en artículos no esenciales y desean ahorrar más mediante el seguimiento de sus gastos.
2. Trabajadores autónomos que necesitan controlar sus ingresos y gastos para asegurarse de que ganan más de lo que gastan cada mes.

5.2.3 Enumere las ideas de características de su producto

Haga una lluvia de ideas y haga una lista completa de todas las características posibles que podrían ser parte de su producto. Esta lista debe incluir cualquier cosa que pueda ser potencialmente útil o digna de mención para sus usuarios. No se preocupe por priorizar o filtrar sus ideas en esta etapa: el objetivo es tener una lista exhaustiva para elegir al definir las características principales de su MVP.

Para nuestro ejemplo, la lista de ideas de características de BudgetBuddy podría incluir:

1. Seguimiento automático de gastos conectando la cuenta bancaria del usuario
2. Categorización de transacciones en diferentes categorías de gastos

3. Presupuestos personalizables para diferentes categorías de gastos
4. Gráficos visuales para analizar los hábitos de gasto
5. Recordatorios y notificaciones de facturas
6. Establecimiento y seguimiento de objetivos financieros
7. Retos de ahorro y gamificación
8. División de gastos con amigos o familiares

5.2.4 Priorice las funciones en función de su propuesta de valor y las necesidades del usuario

Ahora que tiene una lista de posibles funciones, es hora de priorizarlas en función de qué tan bien se alinean con su propuesta de valor y las necesidades de sus usuarios principales. Para cada característica, evalúe:

1. La importancia de la característica en la entrega de la propuesta de valor central
2. El nivel de complejidad y el tiempo requerido para construir la función.
3. La conveniencia de la función por parte de sus usuarios principales

Para cada función, otorgue una puntuación basada en estos criterios y use esa puntuación para determinar qué funciones se deben considerar para su MVP. Tenga en cuenta que un MVP debe centrarse en brindar el valor principal a los usuarios de la manera más rápida y efectiva posible, por lo que es crucial priorizar las características que contribuyen directamente a ese valor.

Continuando con el ejemplo de BudgetBuddy, las siguientes funciones podrían incluirse en la versión MVP:

1. Seguimiento automático de gastos conectando la cuenta bancaria del usuario
2. Categorización de transacciones en diferentes categorías de gastos
3. Presupuestos personalizables para diferentes categorías de gastos
4. Gráficos visuales básicos para analizar hábitos de gasto

Estas funciones abordan directamente las necesidades de los usuarios y brindan la propuesta de valor principal, al mismo tiempo que reducen la complejidad y el tiempo de desarrollo.

5.2.5 Diseñe el flujo de usuario y los wireframes de su MVP

Una vez que haya decidido las funciones principales para su MVP sin código, deberá diseñar el flujo de usuario y los esquemas para visualizar cómo los usuarios interactuarán con su producto. Comience definiendo los principales recorridos de los usuarios y luego cree esquemas para cada paso del recorrido.

Usando herramientas de diseño simples como Balsamiq o Figma, cree una representación visual de la interfaz de usuario de su MVP, incluido el diseño, los elementos de navegación y el diseño de interacción. Esto ayudará a garantizar que su MVP sea fácil de usar y se sienta intuitivo para los usuarios, lo cual es esencial para su éxito.

5.2.6 Finalice su alcance MVP y comience a construir

Con las funciones principales, los flujos de usuarios y los wireframes en su lugar, ahora tiene una comprensión clara de cómo se verá y se sentirá su MVP sin código cuando se complete. Este es el modelo que usará para construir su MVP usando herramientas sin código como Webflow, Bubble, Adalo u otras, según sus necesidades y requisitos específicos.

Recuerde, el objetivo principal de su MVP sin código es validar su idea de inicio lo más rápido posible. Por lo tanto, mientras crea el MVP, concéntrese en las características y la funcionalidad principales en lugar de perfeccionar el diseño o pulir cada aspecto. Tendrá mucho tiempo para iterar y mejorar el MVP una vez que haya recopilado valiosos comentarios e información de usuarios reales.

En resumen, definir las características principales de su MVP es un paso crucial en la creación de un MVP sin código exitoso. Al concentrarse en brindar el valor principal a sus usuarios de la manera más rápida y efectiva posible, estará un paso más cerca de validar su idea de inicio y lograr sus objetivos empresariales.

5.1 Comprender su propuesta de valor

Antes de sumergirse en la creación real de su MVP sin código, es esencial comprender e identificar la propuesta de valor de su producto. La propuesta de valor es un aspecto significativo que define el propósito de su producto y el valor que proporcionará a su público objetivo. Establece los principales desafíos que su producto resuelve y lo diferencia de los competidores existentes.

Para definir tu propuesta de valor, es útil seguir estos pasos:

5.1.1 Identifique y comprenda a sus clientes objetivo

Comience por identificar quién usará su producto. Responder las siguientes preguntas puede ayudarlo a definir su público objetivo:

1. ¿Cuál es su grupo de edad?
2. ¿Qué define su comportamiento?
3. ¿Que necesitan?
4. ¿Cómo interactúan con la tecnología?
5. ¿Cuáles son sus desafíos y puntos débiles?

Cree personajes de usuario detallados que representen a su público objetivo para obtener una comprensión más profunda de sus necesidades y preferencias.

5.1.2 Determinar las necesidades y problemas del cliente

Una vez que tenga una comprensión clara de su público objetivo, el siguiente paso consiste en identificar los desafíos específicos o los puntos débiles que enfrentan. Puede hacer esto realizando encuestas, entrevistas o participando en estudios de observación. Haz una lista de los problemas más comunes de los clientes, ya que se convertirán en la base de la propuesta de valor de tu producto.

5.1.3 Identificar soluciones existentes y competidores

Evalúe las soluciones disponibles en el mercado que aborden las necesidades de sus clientes objetivo. Le dará una visión general de la competencia y podrá aprender de sus fortalezas y debilidades. Haz una lista de tus competidores y sus propuestas de valor para obtener una imagen más clara del panorama competitivo.

5.1.4 Desarrollar una propuesta de valor única y convincente

Según su comprensión de las necesidades del cliente y el panorama competitivo, el siguiente paso es desarrollar una propuesta de valor única y convincente para su producto. Debe poder articularlo en una sola oración, abordando el problema central que pretende resolver y cómo su producto es diferente de la competencia.

Recuerde, su propuesta de valor se enfoca en el problema más crucial que pretende resolver mientras diferencia su producto de los demás.

5.2 Elección de las herramientas sin código adecuadas

Con una comprensión clara de su propuesta de valor, ahora puede concentrarse en identificar las herramientas adecuadas sin código para construir su MVP. Las herramientas sin código vienen en varias formas y tamaños, cada una con sus ventajas y limitaciones.

Tenga en cuenta los siguientes factores al seleccionar las herramientas sin código adecuadas:

1. Funcionalidad: asegúrese de que las herramientas que seleccione puedan satisfacer sus requisitos específicos, incluidas las funciones e integraciones necesarias.
2. Facilidad de uso: elija herramientas que sean fáciles de aprender y navegar, lo que le permitirá crear su MVP más rápido.
3. Escalabilidad: algunas herramientas sin código le brindan más espacio para expandir y hacer crecer su producto; elija sabiamente para evitar obstáculos en el futuro.

4. Costo: asegúrese de que las herramientas se ajusten a su presupuesto y tenga en cuenta los límites de uso o los costos ocultos.

Existe una amplia gama de herramientas sin código disponibles en el mercado, tales como:

- Webflow: un diseñador visual para crear sitios web y aplicaciones web receptivos
- Bubble: Una plataforma para crear aplicaciones web con lógica poderosa
- Adalo: un creador de aplicaciones móviles para crear aplicaciones nativas de Android e iOS
- Zapier: una herramienta de automatización para conectar múltiples servicios y crear flujos de trabajo
- Airtable: una plataforma híbrida de hoja de cálculo y base de datos para la gestión de datos

5.3 Construyendo su MVP

Una vez que haya seleccionado su propuesta de valor y sus herramientas sin código, es hora de comenzar a construir su MVP. Aquí hay una guía paso a paso para crear su MVP sin código:

5.3.1 Defina sus características de MVP

Comience describiendo las características que debe contener su MVP para abordar la necesidad principal de sus usuarios. Concéntrese en mantener el conjunto de características mínimo para validar su propuesta de valor lo más rápido posible. Evite sobrecargar el MVP con elementos innecesarios.

5.3.2 Dibuje su interfaz de usuario (UI)

Planifique visualmente la interfaz de usuario de su MVP, creando bocetos o estructuras alámbricas que representen cada pantalla o vista. Utilice estos bocetos para establecer el diseño y el flujo de su MVP. Mantenga el diseño simple y fácil de navegar para sus usuarios.

5.3.3 Cree su interfaz de usuario usando herramientas sin código

Aproveche las herramientas sin código seleccionadas para recrear sus esquemas e implementar una interfaz de usuario para su MVP basada en sus bocetos. Asegúrese de que el diseño sea receptivo y visualmente atractivo, teniendo en cuenta el público objetivo.

5.3.4 Implemente sus funciones de MVP

Utilice las herramientas sin código elegidas para implementar sus características principales. Configure las integraciones y los flujos de trabajo necesarios para garantizar que el MVP funcione sin problemas. Pruebe cada función para asegurarse de que aborde con precisión los puntos débiles del usuario.

5.4 Prueba y validación de su MVP

Después de completar su MVP, es hora de probarlo y validarlo con usuarios reales. Comience recopilando comentarios de los usuarios, identificando brechas o problemas e iterando en el MVP antes de lanzarlo públicamente. Aproveche las herramientas de análisis para monitorear la participación de los usuarios y medir el éxito de su MVP.

Seguir estos pasos le permitirá crear y validar sus ideas de inicio rápidamente aprovechando el poder de las herramientas sin código. Adopte el concepto de aceptación, aprendizaje e iteración para crear productos exitosos que aborden las necesidades de su público objetivo.

5. Creación de su MVP sin código: guía paso a paso

5.1 Identificación de su propuesta de valor

Antes de sumergirse en el proceso de creación de su MVP sin código, es esencial aclarar la propuesta de valor de su idea de inicio. Una propuesta de valor es la combinación única de características, beneficios y precios que hace que su producto o servicio sea atractivo para los clientes potenciales. Tómese el tiempo para comprender a su público objetivo, sus necesidades y cómo su producto o servicio satisface esas necesidades mejor que sus competidores. Asegúrese de que su propuesta de valor sea simple, clara y fácil de comunicar.

Para ayudarlo a identificar su propuesta de valor, considere responder las siguientes preguntas:

1. ¿Quién es tu público objetivo?
2. ¿Qué problema les estás resolviendo?
3. ¿Cómo aborda su solución sus necesidades mejor que las alternativas?

5.2 Selección de las herramientas sin código adecuadas

La belleza de crear un MVP sin código es que existen numerosas plataformas y herramientas disponibles para ayudarlo a crear su producto, que van desde simples creadores de sitios web de arrastrar y soltar hasta herramientas más avanzadas diseñadas para plataformas específicas, como comercio electrónico o desarrollo de aplicaciones móviles. Al seleccionar las mejores herramientas sin código para su MVP, considere el enfoque principal de su startup, la facilidad de uso, el nivel de personalización y el costo de la solución.

Algunas herramientas populares sin código incluyen:

1. Webflow: para crear sitios web receptivos sin escribir ningún código
2. Bubble: una poderosa plataforma para crear aplicaciones web con su generador visual y capacidades de base de datos
3. Glide: transforme Google Sheets en aplicaciones móviles sin escribir ningún código
4. Zapier: automatice los flujos de trabajo e integre varias aplicaciones sin codificación
5. Airtable: cree bases de datos personalizables y sistemas de gestión de proyectos

5.3 Diseñando tu MVP

Ahora que tiene una propuesta de valor clara y las herramientas adecuadas sin código a mano, es hora de diseñar su MVP. El buen diseño es algo más que la estética; se trata de proporcionar una experiencia de usuario que haga que sea fácil y agradable para las personas lograr sus objetivos utilizando su producto. Concéntrese en el flujo de usuarios principal y asegúrese de que el diseño de su MVP gire en torno a la solución del problema central que ha identificado.

Durante la fase de diseño, tenga en cuenta los siguientes pasos:

1. **Esboce sus ideas** : comience con lápiz y papel, o use herramientas digitales como Miro o Figma para crear estructuras alámbricas y maquetas de las pantallas clave de su MVP.
2. **Pruebe sus diseños** : comparta sus maquetas con usuarios potenciales o compañeros para recopilar comentarios sobre la experiencia del usuario y realizar las mejoras necesarias.
3. **Cree un sistema de diseño** : establezca esquemas de color, tipos de letra y componentes reutilizables para mantener la coherencia en todo su MVP, lo que facilita la navegación de los usuarios finales.
4. **Iterar y refinar** : refina continuamente tu diseño en función de los comentarios y las pruebas constantes para garantizar una experiencia de usuario sencilla y atractiva.

5.4 Construyendo el MVP

Con su propuesta de valor definida, las herramientas sin código seleccionadas y un plan de diseño sólido implementado, es hora de crear su MVP sin código. Siga estos pasos para crear una versión funcional de su producto:

1. *Configure la estructura* : use su herramienta sin código para definir la estructura de su MVP. Esto

podría incluir la creación de páginas, formularios y otros elementos de la interfaz de usuario para alinearlos con sus esquemas y maquetas.

2. *Agregue funcionalidad* : implemente funciones que brinden la propuesta de valor central de su MVP. Según la plataforma sin código que elija, esto podría implicar conectar acciones a botones, configurar flujos de trabajo o integrarse con otras herramientas y servicios.

3. *Personalice el diseño* : aplique su sistema de diseño a su MVP, incluidos colores, tipografía y estilos de componentes, para alinearlo con su plan de diseño visual.

4. *Configurar integraciones* : en muchos casos, su MVP puede requerir la conexión con otras herramientas, como proveedores de correo electrónico o pasarelas de pago. Utilice plataformas como Zapier o Integromat para establecer estas conexiones y agilizar las interacciones de sus usuarios con su producto.

5.5 Pruebas e iteraciones

Una vez que se crea su MVP sin código, es crucial no detenerse allí. Una de las principales ventajas del desarrollo sin código es la capacidad de probar rápidamente su producto e iterar en función de los comentarios de los usuarios. Probar su MVP garantiza que no solo funcione correctamente, sino que también resuelva el problema que pretende resolver.

1. *Recopile comentarios* : comparta su MVP con clientes potenciales, compañeros o mentores para recopilar comentarios sobre su usabilidad, funcionalidad y valor general.

2. *Mida el rendimiento* : utilice herramientas de análisis para realizar un seguimiento de las acciones de los usuarios, controlar la participación y determinar si su MVP está cumpliendo sus objetivos.

3. *Identifique áreas de mejora* : en función de los comentarios y las mediciones, identifique áreas específicas de su MVP que necesitan mejoras, como el diseño, el contenido o el flujo de usuarios.

4. *Realice ajustes* : use sus herramientas sin código para realizar cambios en su MVP en función de sus hallazgos, asegurándose de que está refinando continuamente su producto en función de las necesidades y los comentarios de los usuarios.

5. *Repita el proceso* : el proceso de prueba e iteración está en curso, ya que su producto continúa evolucionando en función de la entrada del usuario y otros factores externos.

Al seguir esta guía paso a paso para construir su MVP sin código, estará bien equipado para validar rápida y eficientemente su idea de inicio sin la necesidad de una amplia experiencia en programación o un gran equipo de desarrollo. Siga iterando y refinando su producto, centrándose en su propuesta de valor y manteniendo la flexibilidad para adaptarse en función de los valiosos comentarios de los usuarios.

5.1 Definir el problema y formular hipótesis

Antes de sumergirse en la construcción de su MVP sin código, es esencial comenzar definiendo el problema que está tratando de resolver y formular las suposiciones sobre por qué su solución agregará valor al mercado. Esta etapa inicial lo ayudará a concentrarse en las características y funcionalidades correctas al diseñar y construir su MVP.

5.1.1 Definir el problema

Comience indicando el problema que su idea de inicio pretende resolver en un lenguaje claro y conciso. Piense en los puntos débiles que experimentan sus clientes objetivo y asegúrese de que su declaración del problema los aborde. Una declaración del problema bien definida lo ayudará a mantenerse enfocado en la creación de las funciones más importantes para su MVP sin código.

5.1.2 Identificar Clientes Objetivo

A continuación, identifique quiénes son sus clientes objetivo. Considere crear personas para representar los tipos de personas que se beneficiarán de su solución. Describa sus características demográficas, necesidades, comportamientos y preferencias. Comprender a sus clientes objetivo profundiza su comprensión del problema y lo ayuda a desarrollar una solución que aborde sus necesidades.

5.1.3 Formular hipótesis

Con una declaración clara del problema y la comprensión de su cliente objetivo, es hora de comenzar a definir las suposiciones que necesita probar. Formule un conjunto de hipótesis sobre cómo su producto resolverá el problema identificado, mejorará la experiencia del usuario y agregará valor al mercado.

Su hipótesis principal debe vincular directamente su solución al problema. Las hipótesis adicionales pueden cubrir características que cree que serán cruciales para la satisfacción, el compromiso y la retención del cliente.

Por ejemplo, si la declaración de su problema es "Los trabajadores independientes luchan por administrar sus finanzas de manera eficaz", su hipótesis principal podría ser "Una aplicación móvil que simplifique la administración financiera para los trabajadores independientes los ayudará a ahorrar tiempo y a tomar decisiones financieras más inteligentes".

5.2 Diseñe y construya su MVP sin código

Una vez que haya definido el problema y formulado hipótesis, es hora de pasar a diseñar y construir su MVP sin código. Concéntrese en probar las suposiciones más críticas y crear solo las funciones esenciales utilizando herramientas sin código.

5.2.1 Decidir sobre una plataforma sin código

Elija una plataforma sin código que mejor se adapte a sus necesidades y habilidades. Hay varias plataformas sin código disponibles, incluidos creadores de aplicaciones web (p. ej., Bubble, Webflow), creadores de aplicaciones móviles (p. ej., Adalo, Glide) y herramientas funcionales (p. ej., Zapier, Airtable). Tenga en cuenta los siguientes factores al elegir una plataforma sin código:

- ¿Tiene las funciones que necesita para su MVP?
- ¿Es fácil de usar y aprender?
- ¿Puede escalar y admitir funciones más avanzadas en iteraciones futuras?
- ¿Se ajusta a tu presupuesto?

5.2.2 Características esenciales de prototipos y pruebas

Comience por construir las características imprescindibles para probar su hipótesis principal. Esto puede incluir el registro de usuarios, elementos básicos de la interfaz de usuario para la navegación y funciones básicas para la resolución de problemas.

Cree su MVP sin código siguiendo las pautas y los tutoriales de la plataforma. Tenga en cuenta a sus clientes objetivo cuando diseñe la interfaz y haga que la experiencia del usuario sea lo más fluida posible. Considere usar plantillas prediseñadas proporcionadas por la plataforma sin código o herramientas de diseño como Figma para ahorrar tiempo.

Recuerde, su objetivo es probar la viabilidad de su idea de inicio, así que evite agregar funciones innecesarias o hacer que el MVP sea demasiado pulido.

5.2.3 Probar, evaluar y comparar alternativas

Después de compilar las características esenciales, primero pruebe su MVP internamente para asegurarse de que funciona según lo previsto. Recopile comentarios de colegas o amigos que se ajusten al perfil de su cliente objetivo. Solucione cualquier error y mejore la experiencia de usuario en función de estos comentarios.

A continuación, identifique soluciones alternativas en el mercado que sus clientes objetivo ya podrían estar utilizando. Evalúe su MVP sin código frente a estas alternativas para comprender dónde sobresale su solución y dónde se queda corta. Esta comparación también lo ayudará a comprender mejor su propuesta de valor única y su competencia.

5.3 Recopilar comentarios e iterar

Ahora que su MVP sin código está listo y probado, recopile comentarios de usuarios reales para validar sus suposiciones y realizar mejoras en el producto basadas en datos.

5.3.1 Lanzar MVP y monitorear métricas

Implemente su MVP sin código en un dominio o tienda de aplicaciones y promociónelo entre sus clientes objetivo. Recopile métricas relevantes, como registros de usuarios, uso de funciones y tasas de retención, para medir el éxito y evaluar sus hipótesis.

5.3.2 Recopilar comentarios de los usuarios

Recopile comentarios directamente de sus usuarios para comprender lo que les gusta y lo que no les gusta de su MVP. Comuníquese a través de encuestas o entrevistas para obtener información adicional sobre cómo su producto está resolviendo, o no resolviendo, el problema de sus clientes objetivo.

5.3.3 Iterar y optimizar

Analice las métricas y los comentarios recopilados para determinar si sus hipótesis se validan o refutan. Utilice esta información para iterar en su producto, realizar mejoras y agregar o eliminar funciones según sea necesario.

Recuerde que construir una startup exitosa es un proceso iterativo, así que continúe refinando su MVP sin código recopilando comentarios de los usuarios, probando nuevas funciones y ajustando sus hipótesis hasta que alcance el ajuste del producto al mercado.

6. Probar y validar su MVP: comentarios y análisis de los usuarios

6.1 Obtención y evaluación de comentarios de los usuarios

El aspecto más crítico de su Producto Mínimo Viable (MVP) es determinar su relevancia y propuesta de valor para su público objetivo. Esto requiere un proceso continuo de prueba, evaluación e iteración basado en los comentarios y análisis de los usuarios.

Los comentarios de los usuarios son invaluables para ayudarlo a comprender cómo funciona su producto para usuarios reales. No solo lo ayuda a identificar problemas y cuellos de botella en el MVP, sino que también lo ayuda a identificar áreas que necesitan mejoras o características que a los usuarios les gustaría ver. Los comentarios pueden provenir de varias fuentes, incluidas entrevistas individuales, grupos focales, encuestas en línea y sistemas de calificación en la aplicación. Independientemente del método que elija, es crucial abordar este proceso de manera sistemática y reflexiva.

6.1.1 Identificación de su público objetivo

Antes de recopilar comentarios, debe determinar quién es su audiencia. Tener una comprensión clara de quién usará su producto y los problemas que resuelve lo ayudará a crear un MVP que se alinee con las necesidades del usuario.

- **Segmentación del mercado** : divida su mercado objetivo en segmentos más pequeños en función de factores como la demografía, la geografía y los patrones de comportamiento. Esto lo ayudará a comprender mejor las necesidades y preferencias de varios grupos y diseñar su producto para satisfacer sus necesidades específicas.
- **Identificación de personas** : las personas son representaciones ficticias de usuarios típicos dentro de un segmento, que consisten en sus objetivos, desafíos, preferencias y motivaciones. El desarrollo de personas puede proporcionar una base para determinar los grupos de usuarios específicos a los que desea dirigirse y evaluar su MVP.
- **Realización de entrevistas a usuarios** : Realice entrevistas con posibles usuarios para comprender sus motivaciones, puntos débiles y soluciones actuales a los problemas que su MVP pretende abordar. Utilice estos conocimientos para dirigirse a los segmentos de usuarios correctos y diseñar un MVP adaptado a sus necesidades.

6.1.2 Recopilación de comentarios

Una vez que haya identificado su público objetivo, debe elegir los métodos apropiados para recopilar comentarios. No existe una solución única para todos, y es posible que deba usar una combinación de métodos para obtener una comprensión integral de las experiencias de los usuarios.

- **Entrevistas en persona o remotas** : las entrevistas individuales son una forma eficiente de obtener información profunda sobre el proceso de pensamiento y la experiencia de un usuario con su MVP. Puede observar cómo interactúan con su producto, hacer preguntas y profundizar en sus comentarios. Las entrevistas remotas se pueden realizar a través de herramientas de videoconferencia si las reuniones en persona no son posibles.

- **Grupos de enfoque** : un grupo de enfoque consiste en reunir a un pequeño grupo de personas que representan a su público objetivo y facilitan las discusiones sobre su MVP. Los grupos focales pueden ayudar a medir el sentimiento general, capturar la dinámica del grupo y descubrir áreas de mejora.
- **Encuestas en línea** : las encuestas ofrecen una forma rápida y rentable de recopilar comentarios de muchos usuarios simultáneamente. Cree cuestionarios bien diseñados, analice los datos cualitativos y cuantitativos y utilice estos conocimientos para refinar su MVP.
- **Supervisión de redes sociales** : Supervise las plataformas de redes sociales en busca de opiniones, comentarios y reseñas generados por los usuarios sobre su MVP. Esto puede proporcionar información valiosa sobre el sentimiento del usuario y las posibles áreas de mejora.

6.1.3 Análisis de los comentarios de los usuarios

La simple recopilación de comentarios no es suficiente; también debe analizarlo sistemáticamente para asegurarse de que puede aplicar los conocimientos adquiridos para mejorar su MVP.

- **Clasifique los comentarios** : organice los comentarios recibidos en diferentes categorías, como usabilidad, características, diseño y rendimiento.

Categorizar los comentarios lo ayudará a identificar patrones y áreas que requieren su atención y priorizar tareas para la próxima iteración de su MVP.

- **Análisis cuantitativo** : analice datos cuantitativos, como respuestas a encuestas y calificaciones de aplicaciones, para medir la opinión de los usuarios e identificar tendencias a lo largo del tiempo. Utilice herramientas como hojas de cálculo o software de análisis especializado para analizar los datos y generar información procesable.
- **Análisis cualitativo** : analice entradas cualitativas, como respuestas de encuestas abiertas y transcripciones de entrevistas, para descubrir conocimientos únicos y perspectivas de usuarios individuales. Utilice técnicas de codificación para identificar temas y patrones recurrentes en los datos para obtener una mejor comprensión de las experiencias y expectativas de los usuarios.
- **Visualización** : cree representaciones visuales de su análisis de datos, como tablas, gráficos o mapas de calor, para comprender mejor los patrones y tendencias dentro de los comentarios.

6.1.4 Reacción a la retroalimentación

Una vez que haya analizado los comentarios de los usuarios, el siguiente paso es reaccionar y adaptarse. Utilice los conocimientos de los comentarios para mejorar su MVP y prepararlo para la siguiente fase de prueba.

- **Iterar** : actualice su MVP utilizando los comentarios recopilados, aborde los puntos débiles de los usuarios y agregue o perfeccione las funciones en función de la demanda de los usuarios. Es esencial mantener la naturaleza magra de su producto durante este proceso y mantener intacto su núcleo.

- **Actualizaciones periódicas** : asegúrese de que los usuarios estén al tanto de los cambios que ha realizado en respuesta a sus comentarios. Esta transparencia lo ayudará a generar confianza con sus usuarios y retener su atención y compromiso.
- **Vuelva a probar** : después de implementar los cambios, vuelva a probar la versión mejorada de su MVP con los usuarios para recopilar más comentarios y perfeccionarlo aún más. Repita y mejore continuamente su MVP en función de los comentarios de los usuarios hasta que se convierta en un producto completo que satisfaga las necesidades y expectativas de los usuarios.

Recuerde, la clave para una prueba y validación exitosas de su MVP es adaptarse y mejorar continuamente en función de los comentarios y análisis de los usuarios. Obtenga comentarios de los usuarios de una amplia gama de fuentes, analice los datos recopilados y aplique estos conocimientos para mejorar su MVP. Al seguir estos pasos, puede asegurarse de que su MVP satisfaga las necesidades reales de los usuarios y aborde los puntos débiles genuinos, lo que lleva a un lanzamiento exitoso del producto.

6.2 La importancia de recopilar comentarios y análisis de los usuarios

A lo largo del desarrollo y lanzamiento de su MVP sin código, puede quedar atrapado fácilmente en la mentalidad de 'si solo agrego esta característica más, será perfecto'. Si bien el deseo de crear un producto perfecto es comprensible, a menudo lleva a los empresarios a perder un paso crucial en la creación de un producto digital exitoso:

buscar y actuar en función de los comentarios y análisis de los usuarios.

Los comentarios y análisis de los usuarios son una parte esencial del proceso de desarrollo, ya que ofrecen información sobre cómo sus clientes realmente interactúan con su producto y lo perciben. Estos conocimientos son fundamentales para maximizar la utilidad y el valor de su MVP, ya que conducen a decisiones informadas que afectan el desarrollo de productos, el marketing, las ventas y la atención al cliente.

En esta sección, discutiremos varios métodos y herramientas para recopilar comentarios y análisis de los usuarios, así como también cómo interpretar y actuar sobre los conocimientos recopilados.

1. Utilice canales de retroalimentación

Cuando se trata de obtener comentarios de los usuarios, es esencial brindarles a sus clientes varios canales a través de los cuales puedan expresar sus opiniones. Estos canales pueden incluir:

- **Atención al cliente:** asegúrese de que su equipo de soporte escuche activamente los comentarios de los clientes mientras aborda las necesidades a través de correo electrónico, chat en vivo o conversaciones telefónicas. Indíqueles que documenten cualquier comentario para su revisión y análisis.
- **Encuestas en línea:** herramientas como Formularios de Google, SurveyMonkey o Typeform le permiten crear encuestas completas que se pueden enviar a sus clientes. Puede usar estas plataformas para hacer preguntas directas a los usuarios sobre su

producto, medir los niveles de satisfacción y solicitar comentarios generales.

- **Redes sociales:** Supervise sus cuentas de redes sociales en busca de comentarios que puedan llegar a través de mensajes directos o comentarios en sus publicaciones. Anime a los usuarios a que brinden sus opiniones interactuando activamente con ellos y abordando cualquier inquietud.
- **Formularios de comentarios de los usuarios:** incruste formularios de comentarios de los usuarios en su sitio web o dentro de su MVP, lo que permite a los usuarios proporcionar comentarios fácilmente en cualquier momento durante su experiencia con su producto.

2. Análisis en la aplicación

Además de recopilar datos cualitativos de los usuarios, debe considerar recopilar datos cuantitativos utilizando herramientas de análisis. Estas herramientas monitorean el comportamiento de los usuarios y pueden proporcionar información valiosa para realizar mejoras en su producto basadas en datos. Ejemplos de herramientas de análisis incluyen:

- **Google Analytics:** una herramienta de análisis popular y poderosa que puede ofrecer información sobre cómo los usuarios interactúan con su sitio web, incluidas métricas como la duración de la sesión, las tasas de rebote y el flujo de usuarios. También puede configurar objetivos de seguimiento de conversiones para medir la eficacia con la que su MVP cumple los objetivos comerciales.
- **Mixpanel:** Mixpanel es una plataforma de análisis basada en eventos que rastrea las interacciones de los usuarios con su producto en tiempo real.

Proporciona información granular sobre cómo los usuarios interactúan con diferentes características o funcionalidades, revelando patrones que pueden conducir a oportunidades de optimización.

- **Amplitude:** similar a Mixpanel, Amplitude es otra plataforma que le permite analizar los datos de comportamiento del cliente a escala. Con un enfoque en el crecimiento, puede usar los datos de Amplitude para optimizar la retención de usuarios, mejorar las experiencias de incorporación y personalizar las interacciones con los clientes.

3. Análisis de los datos

La simple recopilación de comentarios y análisis de los usuarios no es suficiente; debe tomarse el tiempo para revisar e interpretar minuciosamente los datos, buscando patrones y tendencias que puedan sugerir oportunidades de mejora. Considere los siguientes pasos en su proceso de análisis de datos:

1. **Organice los comentarios de los usuarios:** clasifique los comentarios y utilice un sistema para priorizar las ideas más urgentes o impactantes para la acción inmediata.
2. **Identifique temas comunes:** busque problemas, solicitudes o inquietudes repetitivas en varios comentarios de usuarios, ya que pueden representar áreas que necesitan una mejora inmediata.
3. **Rastree métricas y KPI:** use herramientas como paneles, rastree indicadores clave de rendimiento (KPI) y otras métricas esenciales para monitorear el progreso y tomar decisiones basadas en datos.
4. **Cree planes de acción:** en función del análisis de los comentarios recopilados, desarrolle planes de acción que aborden problemas críticos y determine cómo se

pueden implementar y monitorear estos planes para lograr el éxito.

5. **Iteración continua:** el proceso de recopilación, análisis y actuación en función de los comentarios de los usuarios debe ser interminable. Mejore continuamente su producto con los comentarios y análisis de los usuarios, manteniéndose fiel a la mentalidad ágil y adaptable que inspiró su MVP sin código en primer lugar.

En conclusión

Su MVP sin código es un medio para recopilar información y comentarios valiosos de los usuarios, que pueden informar las decisiones y facilitar el crecimiento. A través de la recopilación proactiva y el análisis cuidadoso de datos tanto cualitativos como cuantitativos, puede crear un producto que resuene con su público objetivo y evolucione para satisfacer sus necesidades. Adopte la naturaleza iterativa del proceso MVP y deje que los comentarios y análisis de los usuarios sean su brújula en el camino hacia la creación de un producto digital exitoso.

6. Probar y validar su MVP: comentarios y análisis de los usuarios

Un MVP, o Producto Mínimo Viable, es un prototipo de su producto que incluye las funciones suficientes para validar su valor central. Al probar y validar su MVP sin código, puede ahorrar una cantidad considerable de tiempo y recursos que, de otro modo, se gastarían en desarrollar funciones que los usuarios podrían no encontrar valiosas.

En esta sección, discutiremos los aspectos esenciales de probar y validar su MVP sin código. Cubriremos estrategias para recopilar comentarios de los usuarios, analizar datos de uso y análisis, e iterar en su MVP para un mayor ajuste al mercado.

6.1. Preparación para los comentarios de los usuarios

Los comentarios de los usuarios son cruciales para comprender si su MVP proporciona el valor esperado a su público objetivo. Para recopilar información de usuarios reales, debe preparar un proceso de retroalimentación bien estructurado. Aquí hay algunos pasos esenciales a seguir:

6.1.1. Defina su público objetivo

El primer paso y el más crucial para obtener comentarios valiosos es identificar a su público objetivo. Sea específico sobre la demografía, los intereses y los comportamientos que describen a sus usuarios ideales. Al definir su público objetivo, puede explorar con confianza los canales correctos para llegar a los usuarios potenciales y solicitar sus comentarios.

6.1.2. Crear un plan de comentarios del usuario

Cree un plan que identifique cómo recopilará los comentarios de los usuarios, quién será responsable de recopilarlos y analizarlos, cuántos comentarios pretende recopilar y el cronograma para la recopilación de comentarios. Este plan lo ayudará a mantenerse organizado y concentrado durante su fase de prueba de MVP.

6.1.3. Desarrolle un canal de comentarios fácil de usar

Desarrolle una manera fácil y accesible para que los usuarios compartan sus opiniones sobre su MVP. Esto puede ser un simple formulario en línea, una dirección de correo electrónico o incluso mensajes directos en plataformas de redes sociales. Asegúrese de comunicar que aprecia y valora sus aportes.

6.2. Recopilación de comentarios de los usuarios

Una vez que esté bien preparado y sepa a quién dirigirse, es hora de recopilar los comentarios de los usuarios. Aquí hay algunos métodos para llegar a su público objetivo y recopilar sus pensamientos:

6.2.1. Encuestas y Cuestionarios

Cree encuestas o cuestionarios concisos y bien estructurados para recopilar datos cuantitativos de su público objetivo. Existen numerosas herramientas en línea como Google Forms, SurveyMonkey o Typeform para crear y distribuir su encuesta. Use una combinación de preguntas abiertas y cerradas para capturar respuestas detalladas.

6.2.2. Entrevistas

La realización de entrevistas individuales con los usuarios ofrece información más profunda sobre su experiencia con su MVP. Prepare un conjunto de preguntas relacionadas con su producto, sus características y usabilidad. Use preguntas abiertas como *"¿Qué es lo que más le gustó de este producto?"* o *"¿Qué se puede mejorar en este producto?"* para obtener comentarios detallados y procesables.

6.2.3. Pruebas de usuario

Invite a los usuarios a probar su MVP en un entorno controlado, ya sea de forma remota o en persona. Observe sus interacciones con su producto, pídales que piensen en voz alta mientras navegan por las funciones y capture sus reacciones naturales. Este enfoque práctico de los comentarios de los usuarios es invaluable para comprender la usabilidad y la experiencia del usuario de su MVP.

6.3. Análisis de comentarios y análisis de los usuarios

Después de recopilar los comentarios de los usuarios, es hora de analizar los datos e identificar patrones que puedan guiar las iteraciones de su producto. Aquí hay algunos consejos para ayudarlo a analizar los comentarios de los usuarios de manera efectiva:

6.3.1. Categorizar comentarios

Categorice los comentarios de los usuarios por tema (p. ej., usabilidad, características, diseño) y prioridad (p. ej., problemas críticos, mejoras, agradable de tener). Esto lo ayudará a identificar puntos débiles comunes y áreas de mejora.

6.3.2. Análisis Cuantitativo y Cualitativo

Analice datos cuantitativos (p. ej., resultados de encuestas) para comprender el sentimiento general del usuario e identificar tendencias. Analice comentarios cualitativos (p. ej., respuestas de entrevistas) para obtener una visión más profunda de los pensamientos y percepciones de los usuarios. La combinación de datos cuantitativos y cualitativos proporcionará una comprensión holística del rendimiento de su MVP.

6.3.3. Usar herramientas de análisis sin código

Las herramientas de análisis sin código, como Google Analytics, Hotjar o Mixpanel, pueden proporcionar información valiosa sobre cómo los usuarios interactúan con su MVP. Estas herramientas pueden ayudarlo a rastrear la actividad del usuario, identificar cualquier cuello de botella y medir la experiencia general del usuario.

6.4. Iteración y Monitoreo

Usando los conocimientos de los comentarios y análisis de los usuarios, es hora de iterar en su producto y mejorar su funcionalidad, facilidad de uso o apariencia. Supervise continuamente los comentarios de los usuarios, realice un seguimiento de sus KPI y tome decisiones basadas en datos para mejorar su MVP.

En conclusión, probar y validar su MVP sin código es un paso crucial para construir un producto exitoso. Al recopilar comentarios de los usuarios, analizar los datos de uso e iterar en función de los conocimientos de los usuarios, puede aumentar significativamente las posibilidades de que su producto resuene con su público objetivo y logre el éxito en el mercado.

6.1 Importancia de los comentarios y análisis de los usuarios en MVP sin código

Antes de sumergirnos en los métodos y herramientas que puede usar para probar y validar su MVP sin código, comprendamos por qué los comentarios y análisis de los usuarios son necesarios en primer lugar. Construir una startup desde cero es un proceso que requiere mucho tiempo y recursos. No desea desperdiciar sus esfuerzos en la construcción de un producto que nadie necesita o quiere. Aquí es donde entra en escena la validación de su MVP.

Un MVP (Producto Mínimo Viable) es una versión simplificada de su producto final, desarrollada para probar la demanda del mercado y garantizar que está en el camino correcto. Los comentarios y análisis de los usuarios durante la etapa MVP pueden proporcionar información y conocimientos relacionados con:

1. **Demanda del mercado:** ¿Hay suficiente demanda para su producto?
2. **Propuesta de valor:** ¿Su producto resuelve un problema o satisface una necesidad de sus usuarios objetivo?
3. **Usabilidad:** ¿Es su producto fácil de usar y comprender para su público objetivo?
4. **Priorización de funciones:** ¿ Qué funciones consideran esenciales sus usuarios y cuáles pueden agregarse más tarde o mejorarse en función de los comentarios de los usuarios?
5. **Refinamiento e iteración:** ¿Cómo puede iterar y mejorar su MVP en función de los comentarios de los usuarios y los datos analíticos?

Para recopilar comentarios de los usuarios y analizar su comportamiento mientras usa su MVP sin código, es crucial una combinación de métodos cualitativos y cuantitativos.

Comentarios cualitativos de los usuarios

La retroalimentación cualitativa se refiere a cualquier dato no métrico que lo ayude a comprender cómo se sienten sus usuarios y cómo perciben su MVP. Los métodos cualitativos pueden incluir:

1. **Entrevistas con usuarios:** Realice entrevistas con los primeros usuarios de su MVP, enfocándose en comprender su experiencia general, gustos, disgustos

y áreas de mejora que sugieren. Es esencial hacer preguntas abiertas para no sesgar los comentarios de los usuarios.

2. **Grupos focales:** involucre a pequeños grupos de su público objetivo y pídales que brinden comentarios sobre su MVP en un contexto de discusión. Los grupos focales pueden brindar diversas opiniones y dar lugar a valiosos debates sobre las características y el valor de su producto.

3. **Encuestas y cuestionarios de usuarios:** cree encuestas y cuestionarios detallados, preguntando a los usuarios sobre su experiencia, puntos débiles o mejoras que visualizan para el MVP. Las encuestas también pueden incluir secciones de comentarios abiertos para obtener información más cualitativa.

4. **Observación y análisis de tareas:** siga a los usuarios mientras interactúan con su MVP, ya sea en persona o mediante herramientas para compartir pantalla. Puede obtener información valiosa de primera mano sobre cómo los usuarios usan su producto, qué aspectos les parecen confusos o poco intuitivos y en qué áreas tienden a centrarse más.

Análisis cuantitativo de usuarios

El análisis cuantitativo se refiere a los datos numéricos recopilados sobre el comportamiento del usuario, que se pueden analizar para obtener información sobre cómo interactúan los usuarios con su MVP. Varias herramientas sin código le permiten realizar un seguimiento de las diversas interacciones de los usuarios en su producto. Los datos analíticos pueden ayudar a validar sus hipótesis, descubrir patrones de comportamiento inesperados y ayudar a optimizar su MVP sin código. Algunos métodos cuantitativos a considerar incluyen:

1. **Métricas de uso:** recopile análisis sobre las funciones más utilizadas, el tiempo promedio dedicado a su MVP y la cantidad de usuarios únicos que visitan su sitio.
2. **Métricas de adquisición:** identifique los canales más efectivos a través de los cuales adquiere nuevos usuarios y mida el retorno de la inversión (ROI) para estos canales.
3. **Retención y abandono:** mida la retención de usuarios a lo largo del tiempo para comprender si los usuarios continúan usando su MVP y lo encuentran valioso o si lo abandonan después de las primeras interacciones.
4. **Tasas de conversión:** haga un seguimiento de las tasas de conversión para diversas acciones, como registros de usuarios, compras u otras acciones deseadas, según los objetivos de su MVP.

Herramientas populares de análisis sin código

Aquí hay algunas herramientas populares de análisis sin código que puede implementar rápidamente en su MVP:

1. Google Analytics : una herramienta de análisis poderosa y ampliamente utilizada para rastrear el comportamiento del usuario y las fuentes de tráfico.
2. Montón : una herramienta de análisis basada en eventos que realiza un seguimiento automático de las interacciones del usuario, como los clics y las visitas a la página, lo que le permite analizar el comportamiento del usuario de forma retroactiva.
3. Mixpanel : una sólida herramienta de análisis que proporciona información sobre el comportamiento del usuario a través del análisis de embudos, el análisis de cohortes y la segmentación.

4. Hotjar : una herramienta de análisis de comportamiento y comentarios de los usuarios que proporciona mapas de calor, grabaciones de sesiones y encuestas de usuarios.

A medida que avanza en la prueba y validación de su MVP sin código, tener una buena combinación de métodos cualitativos y cuantitativos ayuda mucho a obtener información práctica que puede conducir a una mejor toma de decisiones, priorización de funciones y optimización de la experiencia del usuario. Recuerde siempre que el propósito principal de su MVP es aprender e iterar, así que acepte los comentarios y el análisis para asegurarse de desarrollar un producto que deleite a sus usuarios y satisfaga sus necesidades de manera efectiva.

6.1 Recopilación de comentarios esenciales de los usuarios y análisis de datos para su MVP sin código

Obtener información de sus usuarios y analizar los datos recopilados durante las pruebas de MVP es crucial para dar forma y refinar su producto. Esta fase le permite descartar características que los usuarios encuentran poco atractivas, confusas o innecesarias, y trabajar en las que realmente crean valor. En esta sección, describiremos varios métodos para recopilar comentarios de los usuarios y también analizaremos herramientas y estrategias para tomar decisiones basadas en datos para su MVP sin código.

6.1.1 Encuestas y entrevistas de usuarios

Encuestas de usuarios: las encuestas son una forma popular de recopilar comentarios de los usuarios, ya que son fáciles de crear, difundir y se pueden anonimizar para fomentar respuestas sinceras. Usando herramientas de encuesta como Typeform, Survey Monkey o incluso Google Forms, puede crear sus propias encuestas adaptadas a su MVP.

- Comience con preguntas demográficas básicas (p. ej., edad, género, ubicación) para comprender el perfil de sus usuarios.
- Incluya preguntas sobre la experiencia del usuario con su MVP, como la frecuencia con la que lo usan y lo que les gusta o no les gusta.
- Obtenga comentarios específicos sobre funciones individuales, así como sobre la usabilidad general de su producto.
- Finalmente, haga preguntas abiertas para dar a los usuarios la oportunidad de expresar sus opiniones y brindar sugerencias.

Recuerde mantener la encuesta breve y directa para garantizar una tasa de respuesta más alta.

Entrevistas con los usuarios: si bien las encuestas pueden brindarle una gran cantidad de información, a veces puede ser necesaria una conversación individual para obtener información más profunda. Programe entrevistas con sus usuarios y hágales preguntas detalladas sobre su experiencia con su producto. Durante estas discusiones, observe el lenguaje corporal, el tono y la elección de palabras del usuario para comprender mejor sus emociones y reacciones a su producto.

6.1.2 Comentarios en la aplicación y pruebas de usabilidad

Herramientas de comentarios en la aplicación: es importante que sea lo más fácil posible para los usuarios dar su opinión mientras interactúan con su producto. La integración de herramientas como UserReport, Hotjar o Mopinion permite a los usuarios enviar sugerencias, informar errores y expresar sus opiniones sin salir de la aplicación.

Pruebas de usabilidad: este método consiste en observar a los usuarios mientras interactúan con su producto, lo que le permite identificar cualquier obstáculo o área en la que puedan tener problemas. Puede ejecutar pruebas de usabilidad de forma remota utilizando plataformas como UserTesting o TryMyUI o realizarlas en persona para obtener una vista cercana de la experiencia del usuario.

6.1.3 Métricas y análisis de datos

La recopilación de métricas y el análisis de datos es crucial para medir el éxito de su MVP y tomar decisiones basadas en evidencia sobre su desarrollo futuro. Si bien los datos cualitativos, como los comentarios de los usuarios, son esenciales, también debe usar datos cuantitativos para respaldar los conocimientos que recopila. Estas son algunas métricas clave en las que centrarse:

- **Retención** : Esto indica la cantidad de usuarios que continúan usando tu producto a lo largo del tiempo. La retención alta sugiere que su MVP está brindando valor a los usuarios, mientras que la retención baja destaca que hay margen de mejora.
- **Adquisición de usuarios** : la cantidad de nuevos usuarios que adquiere durante un período específico significa su crecimiento. Compare su tasa de adquisición de usuarios con su tasa de retención para juzgar el éxito general de su producto.

- **Tasa de conversión** : si su MVP tiene un objetivo final (por ejemplo, compra, suscripción o registro), la tasa de conversión mide el porcentaje de usuarios que completan ese objetivo.
- **Compromiso** : esto abarca varias métricas como el tiempo dedicado a su aplicación, la frecuencia de uso y las interacciones con funciones específicas. El compromiso puede indicar el nivel de satisfacción del usuario y las áreas donde se necesita mejorar.

6.1.4 Análisis y aprendizaje de los datos

No es suficiente simplemente recopilar comentarios y datos: debe analizarlos y obtener información valiosa que conduzca a la acción. Estas son algunas de las mejores prácticas para analizar y aprender de los datos:

- Busque patrones en los comentarios de los usuarios y priorice los problemas o sugerencias de mejora informados con mayor frecuencia.
- Analice los resultados de las encuestas utilizando ayudas visuales como cuadros y gráficos para identificar fácilmente tendencias y valores atípicos.
- Establezca un "círculo de retroalimentación" revisando e implementando cambios periódicamente en función de las sugerencias de los usuarios y realizando un seguimiento del resultado. Esto lo ayudará a iterar y mejorar su producto con el tiempo.

Al evaluar cuidadosamente los comentarios de los usuarios y analizar los datos de su MVP, puede identificar áreas de mejora, validar sus suposiciones iniciales y comprender mejor a su público objetivo. Armado con este conocimiento, puede tomar decisiones basadas en datos para dar forma al futuro de su producto y, en última instancia, determinar el éxito de su idea de inicio.

7. Realización de mejoras basadas en datos: perfeccionamiento y optimización de su producto

7.1. Recopilar datos de usuario valiosos

El primer paso para realizar mejoras basadas en datos en su MVP sin código es recopilar datos valiosos del usuario. Los datos que recopile le permitirán comprender cómo interactúan los usuarios con su producto y revelar las áreas que necesitan optimización.

7.1.1. Establecer objetivos y KPI

Antes de comenzar a recopilar datos, es crucial identificar sus objetivos e indicadores clave de rendimiento (KPI). Estos objetivos deben alinearse con sus objetivos comerciales generales y deben ser específicos, medibles, alcanzables, relevantes y limitados en el tiempo (SMART).

Algunos KPI comunes para MVP sin código incluyen:

- Compromiso del usuario (tiempo de permanencia en la plataforma, páginas visitadas, etc.)
- Adquisición de usuarios (número de registros, tasa de conversión de visitante a cliente, etc.)
- Retención (porcentaje de usuarios que continúan usando el producto después de registrarse, etc.)

7.1.2. Establecer métodos de seguimiento

Una vez que haya definido sus objetivos y KPI, es hora de configurar mecanismos para rastrear los datos del usuario. Los MVP sin código se benefician de varias herramientas y plataformas que le permiten monitorear las interacciones de los usuarios sin escribir una sola línea de código. Algunas herramientas de análisis populares incluyen Google Analytics, Mixpanel y Amplitude.

Para comenzar, identifique los flujos de usuarios críticos en su producto que se alinean con sus objetivos y KPI. Por ejemplo, si la adquisición de usuarios es un objetivo principal, la supervisión del proceso de registro de usuarios debe ser una prioridad. Luego, comience a implementar el seguimiento de eventos con la herramienta de análisis que elija, asegurándose de cubrir todas las acciones relevantes del usuario dentro de los flujos de destino.

7.1.3. Segmentar y analizar datos

Después de configurar el seguimiento, comenzará a acumular datos de usuario. La clave es analizar e interpretar los datos de una manera que proporcione información procesable. Un método efectivo para lograr esto es segmentar sus datos en función de las propiedades o acciones del usuario.

Por ejemplo, es posible que desee segmentar a los usuarios por su fuente de tráfico para comprender qué canales de marketing atraen a los usuarios más comprometidos. Alternativamente, puede segmentar a los usuarios en función de sus acciones en la aplicación, como aquellos que completaron una tarea específica o alcanzaron un hito específico.

Al segmentar sus datos, descubrirá información valiosa sobre los patrones de comportamiento y las preferencias de los usuarios, que pueden informar sus esfuerzos de optimización de MVP.

7.2. Priorización de las mejoras del producto

Con todos los conocimientos valiosos que obtuvo del análisis de datos, es hora de comenzar a realizar mejoras específicas en los productos. Es crucial priorizar estas mejoras en función de factores como su impacto potencial, la facilidad de implementación y la alineación con sus objetivos y KPI.

7.2.1. Crear una hoja de ruta del producto

Desarrollar una hoja de ruta del producto lo ayuda a planificar y priorizar sus mejoras en un cronograma específico. Un método simple pero efectivo para crear una hoja de ruta es usar el marco de puntuación ICE, que significa Impacto, Confianza y Facilidad.

- Impacto: ¿Qué efecto tendrá esta mejora en sus KPI u objetivos comerciales?
- Confianza: ¿Qué tan seguro está de que la mejora tendrá el resultado esperado?
- Facilidad: ¿Qué tan fácil o desafiante es implementar la mejora?

144

Asigne una puntuación a cada idea de mejora en función de estos factores y, a continuación, calcule una puntuación general promediando las puntuaciones de las categorías. Este puntaje ICE general lo ayudará a priorizar las mejoras y determinar cuáles abordar primero.

7.2.2. Probar e iterar

Después de priorizar sus mejoras, comience a implementarlas en su MVP sin código mientras supervisa el impacto en sus KPI. Tenga en cuenta que no todas las mejoras darán como resultado un cambio instantáneo; algunos pueden tardar en mostrar resultados notables.

Adopte el proceso de iteración y refinamiento continuos a medida que analiza el impacto de sus cambios y ajusta la hoja de ruta de su producto en consecuencia. Ejecute pruebas A/B para experimentar con diferentes soluciones y encontrar la más efectiva para su público objetivo.

Recuerde que optimizar y refinar su MVP sin código es un proceso de aprendizaje que implica tanto éxitos como fracasos. Utilice sus conocimientos basados en datos para tomar decisiones informadas y adaptarse a las necesidades y preferencias en constante cambio de su base de usuarios.

7.3. Fomentar una cultura basada en datos

Las mejoras basadas en datos no deben ser un ejercicio de una sola vez, sino más bien ser parte de un compromiso continuo con el crecimiento y la mejora continuos. Cultivar una mentalidad basada en datos entre los miembros de su equipo puede ayudar a inculcar esta práctica en toda su organización.

7.3.1. Fomentar la alfabetización de datos

Asegúrese de que todos en su equipo entiendan la importancia de los datos, las herramientas utilizadas para recopilar y analizar datos, y cómo los conocimientos basados en datos pueden informar las decisiones de productos. Capacite a los miembros del equipo brindándoles capacitación y recursos para mejorar su alfabetización de datos.

7.3.2. Comparta avances y éxitos

Comparta regularmente información sobre datos, actualizaciones de progreso e historias de éxito con su equipo. Esto promueve una cultura de transparencia y demuestra el valor de la toma de decisiones basada en datos.

Si sigue estos pasos y se compromete a realizar mejoras basadas en datos, estará bien equipado para optimizar y refinar su MVP sin código. Como resultado, creará un producto que resuena mejor con su público objetivo, colocando su inicio en el camino hacia el éxito a largo plazo.

7.1 Analizar los comentarios de los usuarios y las métricas del producto para optimizar su MVP sin código

Uno de los elementos clave en el éxito de cualquier startup es la capacidad de continuar refinando y optimizando el producto en función de los datos y los comentarios de los usuarios. En esta era de mercados altamente competitivos y en rápida evolución, ser capaz de pivotar rápidamente y adaptarse es la piedra angular del éxito. Al crear un MVP sin código, el objetivo no debe ser solo desarrollar y lanzar su producto, sino también utilizar el poder de los datos para realizar mejoras informadas, creando un producto más valioso y atractivo para sus usuarios. Aquí discutiremos cómo puede analizar los comentarios de los usuarios y las métricas del producto, lo que permite mejoras basadas en datos para su MVP sin código.

Recopilación de datos

Antes de sumergirnos en el análisis de datos y comentarios de los usuarios, primero debemos asegurarnos de que se recopilan los puntos de datos correctos. Los siguientes son algunos aspectos esenciales de la recopilación de datos para un MVP sin código:

1. **Seguimiento del comportamiento del usuario** : utilice herramientas de análisis (como Google Analytics o Mixpanel) para realizar un seguimiento de la interacción del usuario con su producto. Identifique los indicadores clave de rendimiento (KPI) de su aplicación y asegúrese de que sus herramientas de análisis sean capaces de rastrear cada KPI.

2. **Informes de uso de funciones** : analice la frecuencia con la que los usuarios utilizan cada función de su producto. Esta información le dará una visión general de qué funciones son esenciales y se usan con más frecuencia, y cuáles pueden requerir mejoras o reevaluación adicionales.

3. **Comentarios de los usuarios** : busque activamente los comentarios de los usuarios a través de varios canales. Puede utilizar encuestas, widgets de comentarios, redes sociales o contacto directo con los usuarios para conocer sus opiniones sobre su producto. La recopilación de datos cualitativos de los comentarios de los usuarios lo ayuda a identificar posibles áreas de mejora que podrían no ser visibles a través de datos de productos puramente cuantitativos.

Análisis de datos cuantitativos e identificación de tendencias

Una vez que haya recopilado los datos relevantes, debe examinar cualquier tendencia o patrón emergente en el rendimiento de su producto. Concéntrese en sus KPI y otras métricas importantes en este paso. Realice el siguiente análisis:

1. **Análisis de embudo** : comprenda el viaje del usuario e identifique dónde se encuentran los cuellos de botella potenciales que podrían estar causando abandonos. Por ejemplo, si los usuarios abandonan su sitio web durante el proceso de registro, es posible que deba simplificar su formulario de registro u ofrecer opciones de inicio de sesión social.

2. **Análisis de cohortes** : agrupe a los usuarios en función de características similares, como cuándo se unieron, y compare sus comportamientos para identificar tendencias. Por ejemplo, puede encontrar que los usuarios que descubrieron su producto a través de un canal de marketing específico tienen mejores tasas de retención.

3. **Pruebas A/B** : experimente con diferentes características y cambios del producto para ver qué impacto tiene en el comportamiento del usuario. Por ejemplo, puede probar diferentes combinaciones de colores o elementos de la interfaz de usuario para comprender qué versión ofrece la mejor experiencia de usuario para su público objetivo.

4. **Segmentación** : analice cómo los diferentes grupos de usuarios interactúan con su producto para descubrir información valiosa sobre su público objetivo. Es posible que un determinado grupo de usuarios esté más comprometido que otros o tenga tasas de conversión más altas.

Utilización de comentarios cualitativos para informar decisiones de productos

Si bien los datos cuantitativos brindan información valiosa, es igualmente importante recopilar comentarios cualitativos de las experiencias de los usuarios. Aquí hay algunas formas de analizar los comentarios cualitativos de los usuarios de manera efectiva:

1. **Clasifique los comentarios** : identifique temas recurrentes y puntos débiles de los comentarios de los usuarios. Clasifíquelos en diferentes áreas, como mejoras, solicitudes de funciones o informes de errores.

2. **Priorizar los comentarios de los usuarios** : evalúe el impacto y el esfuerzo necesario para implementar los comentarios y priorícelos en consecuencia. Concéntrese en mejoras de alto impacto y bajo esfuerzo para maximizar el valor de los cambios que realiza en su producto.

3. **Detectar personajes de usuarios** : al analizar los comentarios de los usuarios, puede identificar diferentes personajes de usuarios y sus necesidades específicas, lo que le permite adaptar su producto para satisfacer mejor esas necesidades individuales.

Implementación de mejoras basadas en datos

Una vez que haya realizado un análisis en profundidad de los datos cuantitativos y los comentarios cualitativos, es hora de realizar mejoras basadas en datos en su MVP sin código. Siga estos pasos para asegurar el éxito de su proceso de refinamiento de productos:

1. **Cree una hoja de ruta de desarrollo** : detalle y priorice las mejoras identificadas a partir de su análisis de datos, y cree un cronograma para la implementación.
2. **Comuníquese con los usuarios** : informe a sus usuarios sobre las próximas mejoras y agradézcales sus valiosos comentarios. Resalte los cambios que son el resultado directo de sus aportes, para demostrar que valora sus opiniones y trabaja activamente para mejorar su experiencia.
3. **Iterar** : continúe recopilando datos y comentarios incluso después de implementar mejoras. Analice el resultado de sus cambios y continúe perfeccionando su producto en función de las aportaciones de los usuarios.

Al analizar constantemente los comentarios de los usuarios y las métricas del producto, podrá refinar continuamente su MVP sin código, lo que dará como resultado un producto más exitoso con una mayor satisfacción del usuario.

Recuerde, la clave para lograr el éxito a largo plazo con su startup es un enfoque implacable en las mejoras basadas en datos, adaptadas a las necesidades y deseos cambiantes de sus usuarios.

7.2 Realización de análisis cuantitativos: encuentre métricas clave que debe rastrear

A medida que comienza a involucrar a los clientes con su MVP sin código, es vital medir su comportamiento e interacciones con su producto. Pero antes de comenzar a ahogarse en datos, es esencial determinar las métricas clave para realizar un seguimiento. Al analizar estos datos, descubrirá información que lo ayudará a tomar decisiones basadas en datos, refinar su MVP y optimizar su rendimiento. En esta sección, exploraremos cómo realizar un análisis cuantitativo identificando las métricas clave, rastreándolas e interpretando los hallazgos.

7.2.1 Definición de las métricas que importan

Dependiendo de su producto, industria y público objetivo, las métricas a las que debe prestar atención pueden diferir. Sin embargo, hay algunas métricas universales que la mayoría de las empresas emergentes encuentran útiles. Éstas incluyen:

1. **Adquisición** : comprender de dónde provienen sus usuarios y qué canales son los más efectivos para dirigir el tráfico a su MVP.

2. **Activación** : mide el porcentaje de usuarios adquiridos que realizan la primera acción valiosa, como registrarse, en su MVP.
3. **Retención** : Analizar la tasa a la que los usuarios continúan usando su producto después de la activación.
4. **Ingresos** : Cálculo de la cantidad de dinero que genera tu MVP.
5. **Referencia** : seguimiento de los usuarios que promocionan su producto al recomendarlo a otros.

Estas cinco métricas, también conocidas como AARRR, son las Pirate Metrics desarrolladas por Dave McClure, fundador de 500 Startups. Por supuesto, estas métricas de alto nivel se pueden desglosar en acciones o eventos específicos que le brindan información más detallada. Es crucial identificar estas métricas específicas y realizar un seguimiento de ellas con regularidad para obtener un análisis cuantitativo significativo.

7.2.2 Seguimiento de sus métricas

Una vez que haya identificado las métricas clave, necesita herramientas para rastrearlas. Gracias a las plataformas sin código, puede integrar análisis fácilmente sin necesidad de codificación o experiencia técnica. Algunas herramientas populares y accesibles incluyen:

- Google Analytics: una herramienta de análisis integral que rastrea el tráfico del sitio web, la participación del usuario y otras métricas esenciales.
- Mixpanel: una poderosa plataforma de análisis para productos móviles y web, enfocada en rastrear las acciones de los usuarios (eventos) y segmentar a los usuarios (cohortes).

- Hotjar: una herramienta que proporciona mapas de calor, grabaciones de visitantes y embudos de conversión para ayudarlo a optimizar la experiencia del usuario.

Con la instalación y configuración adecuadas de estas herramientas, comenzará a recopilar datos valiosos que lo ayudarán a comprender cómo interactúan los usuarios con su MVP. Asegúrese de realizar un seguimiento del comportamiento del usuario desde el principio, ya que estos datos serán invaluables a medida que itera en su MVP y lo optimiza para obtener el mejor rendimiento.

7.2.3 Interpretación y actuación sobre los datos

A medida que recopila y analiza datos de su MVP, descubrirá información que puede ayudarlo a abordar mejor las necesidades de sus clientes. Busque tendencias, patrones y anomalías en los datos que puedan indicar oportunidades de mejora o investigación adicional.

Por ejemplo, si observa que los usuarios abandonan con frecuencia en un punto específico de su proceso de incorporación, es posible que deba ajustar el flujo o brindar más asistencia durante ese paso. Alternativamente, si un canal de marketing genera una cantidad significativa de tráfico, podría valer la pena invertir más recursos en ese canal para amplificar su rendimiento.

Recuerde, el objetivo no es perseguir métricas de vanidad, sino identificar oportunidades y optimizar su MVP para brindar el máximo valor a sus clientes. A medida que encuentre nuevos hallazgos, es importante seguir probando y refinando su producto continuamente.

7.2.4 Iteración y experimentación

Su MVP debe ser flexible y adaptable a las demandas del mercado y las expectativas de los clientes en constante cambio. El método tradicional de realizar actualizaciones sustanciales o cambios de productos cada seis a doce meses no será suficiente en el vertiginoso panorama digital actual.

En su lugar, adopte una mentalidad de iteración y experimentación rápidas. Aproveche los datos que ha recopilado y los conocimientos que ha recopilado para perfeccionar continuamente su MVP. Utilice las pruebas A/B para comparar diferentes versiones de su producto o elementos dentro de él para determinar cuáles resuenan más con sus usuarios.

Recuerde, refinar y optimizar su producto es un proceso continuo. Al igual que con la validación de su idea de producto a través de un MVP sin código, las mejoras iterativas basadas en datos le permiten responder rápidamente a las necesidades cambiantes de sus clientes y ofrecer constantemente el mejor producto posible.

En conclusión, el seguimiento y el análisis de métricas clave son fundamentales para el crecimiento y el éxito de su startup. Al definir, rastrear e interpretar estas métricas, puede mejorar continuamente su MVP sin código y tomar las decisiones correctas basadas en datos para un negocio sostenible y próspero.

7.1 Análisis de datos de usuario: comprenda a su audiencia y cómo utilizan su producto

La base de las mejoras basadas en datos en su MVP sin código es la capacidad de analizar el comportamiento de sus usuarios e identificar áreas de mejora, optimización y crecimiento. Para ello, debe recopilar y medir datos que reflejen las interacciones de los usuarios con su producto. Esto le permitirá tomar decisiones informadas que conduzcan a mejores experiencias de usuario y, en última instancia, a MVP más exitosos.

7.1.1 Configuración de análisis para su MVP sin código

Para comenzar a tomar decisiones basadas en datos para su MVP, debe configurar algún tipo de análisis para rastrear las interacciones de los usuarios. Las herramientas sin código generalmente vienen con análisis incorporados o herramientas de análisis de terceros fáciles de integrar, como Google Analytics, Heap o Mixpanel.

Aquí hay un desglose simple de cómo configurar análisis para algunas herramientas sin código de uso común:

- **Webflow** : Webflow proporciona una integración integrada de Google Analytics. Todo lo que necesita hacer es ingresar su ID de seguimiento en la configuración del proyecto y Webflow se encargará del resto. También puede configurar Google Tag Manager para un seguimiento más avanzado.
- **Bubble** : Bubble tiene una función de análisis integrada que proporciona datos esenciales, como el número de usuarios y las páginas vistas. También puede integrar herramientas de análisis de terceros como Google Analytics, Heap o Mixpanel agregando su código de seguimiento al encabezado de su aplicación o usando complementos.
- **Appgyver** : Appgyver le permite utilizar los códigos de seguimiento de JavaScript proporcionados por las

plataformas de análisis, como Google Analytics, Heap o Mixpanel, e integrarlos directamente en la lógica de su aplicación. También puede usar la función REST API para obtener datos de las herramientas de análisis.

- **Adalo** : Adalo ofrece una interfaz simple para agregar herramientas de análisis de terceros como Google Analytics, Mixpanel o Amplitude a su aplicación. Puede agregar estas integraciones a través de la sección 'Servicios externos' en la configuración de la aplicación.

Recuerde que al configurar análisis para su MVP sin código, esto puede volverse bastante complejo, y siempre se recomienda buscar la orientación de un experto, ya que desea que los datos recopilados sean lo más precisos y útiles posible.

7.1.2 Identificación de indicadores clave de rendimiento (KPI)

Una vez que haya configurado su plataforma de análisis, el siguiente paso es identificar los indicadores clave de rendimiento (KPI) que son importantes para su MVP. Los KPI son métricas específicas, medibles y procesables que lo ayudarán a realizar un seguimiento del rendimiento de su producto con respecto a sus objetivos. Algunos KPI de uso común para los MVP sin código son:

- Adquisición de usuarios (por ejemplo, registros, descargas)
- Compromiso del usuario (p. ej., usuarios activos diarios, duración de la sesión)
- Retención (por ejemplo, tasa de abandono, proporción de usuarios activos diarios a mensuales)

- Conversión (por ejemplo, compras, suscripciones, referencias)
- Ingresos (por ejemplo, ingresos promedio por usuario, ingresos recurrentes mensuales)

Cada MVP es diferente, por lo que es importante identificar los KPI que son más relevantes para su producto y objetivos únicos. Una vez que haya determinado en qué KPI enfocarse, configure eventos de seguimiento específicos en su plataforma de análisis, para que pueda medirlos de manera precisa y consistente.

7.1.3 Análisis del comportamiento del usuario e identificación de oportunidades

Con su análisis configurado y los KPI definidos, ahora puede monitorear los datos de los usuarios para comprender el comportamiento y las interacciones de su audiencia con su MVP sin código. Esté atento a métricas como:

- ¿Qué características son las más populares entre los usuarios?
- ¿Cuánto tiempo pasan los usuarios en páginas o secciones específicas?
- ¿Cuál es la caída del usuario en su embudo de conversión?
- ¿Qué canales de adquisición son más efectivos para impulsar el tráfico y el crecimiento de usuarios?

Utilice la información que recopile a partir de estos datos para identificar cuellos de botella y oportunidades de mejora. Por ejemplo, si nota una alta tasa de abandono en su página de pago, puede valer la pena explorar formas de optimizar la experiencia de pago (por ejemplo, reducir la fricción, ofrecer métodos de pago alternativos, proporcionar más información sobre transacciones seguras). Siempre asegúrese de probar cualquier iteración que realice, ya que desea continuar el camino de la mejora, no crear un impacto negativo en la experiencia del usuario.

7.1.4 Realización de experimentos y pruebas A/B

Una vez que identifique las áreas que requieren mejoras, el siguiente paso es probar sus hipótesis y medir el impacto de sus cambios. Las pruebas A/B, también conocidas como pruebas divididas, son una forma efectiva de comparar dos o más variaciones de un elemento específico dentro de su MVP sin código (por ejemplo, encabezados, llamadas a la acción, páginas de destino, etc.), para determinar qué la variación funciona mejor.

Aquí hay un ejemplo simple de cómo puede configurar una prueba A/B en un MVP sin código:

1. **Identifique el objetivo** : decida el objetivo comercial específico que desea lograr con su prueba. Por ejemplo, podría ser un aumento en las conversiones de registro, una tasa de abandono reducida o una mayor participación.
2. **Diseñe sus variaciones** : cree dos o más versiones diferentes del elemento que desea probar (por ejemplo, una página de destino con dos títulos diferentes o una página de precios con dos ofertas diferentes).
3. **Divida a su audiencia** : divida aleatoriamente su base de usuarios en grupos iguales y muestre a cada grupo una variación diferente del elemento probado.
4. **Mida los resultados** : controle el rendimiento de cada variación frente a sus KPI y objetivos durante un período determinado.
5. **Analice e itere** : use los resultados de su prueba A/B para determinar la variación ganadora que logró su

objetivo deseado. Implemente la versión ganadora y continúe probando e iterando con diferentes variaciones.

Es importante tener en cuenta que, si bien las pruebas A/B pueden ser una herramienta poderosa, también pueden requerir muchos recursos, especialmente para proyectos MVP sin código y de tiempo limitado. Tenga en cuenta el alcance y la escala de sus experimentos y priorice las áreas en las que espera el impacto más significativo.

7.1.5 Escalamiento y automatización de mejoras basadas en datos

A medida que continúa refinando y optimizando su MVP sin código, considere explorar herramientas avanzadas de análisis de datos y aprendizaje automático que pueden ayudarlo a obtener información más detallada y automatizar mejoras. Por ejemplo, herramientas como Google Analytics, Mixpanel y Amplitude ofrecen funciones avanzadas, como análisis de cohortes, optimización de embudos y análisis predictivo, que pueden ayudarlo a descubrir patrones ocultos y tomar decisiones más informadas.

En conclusión, adoptar un enfoque basado en datos para realizar mejoras en su MVP sin código es crucial para su éxito. Al configurar análisis, identificar KPI, analizar el comportamiento del usuario, ejecutar experimentos y escalar sus esfuerzos, puede refinar su producto de manera efectiva, impulsar la participación y el crecimiento del usuario y, en última instancia, validar su idea de inicio. Recuerde siempre iterar en función de los datos recopilados, probar continuamente y aprender tanto de sus éxitos como de sus fracasos.

Análisis del comportamiento, los comentarios y las métricas de los usuarios para impulsar el crecimiento

Uno de los aspectos clave de la creación de un MVP sin código exitoso es la capacidad de realizar mejoras basadas en datos, refinar y optimizar su producto para brindar la mejor experiencia posible a sus usuarios. Esto significa ir más allá de sus suposiciones iniciales y analizar cuidadosamente los comportamientos, los comentarios y las métricas de los usuarios para mejorar continuamente su producto. En esta sección, analizaremos la importancia del seguimiento de usuarios, el análisis de datos y la optimización de su experiencia de usuario, además de explorar varios métodos y herramientas que pueden ayudarlo a recopilar los datos que necesita para tomar decisiones informadas e iterar en su MVP.

A. Seguimiento del comportamiento del usuario

Comprender el comportamiento de sus usuarios es crucial para el éxito de su producto. Necesitará saber cómo los usuarios navegan a través de su producto, qué funciones usan más y qué problemas pueden enfrentar. El seguimiento del comportamiento de los usuarios no solo le brindará información valiosa, sino que también lo ayudará a identificar áreas específicas en las que puede mejorar la experiencia general.

1. Mapas de calor

160

Los mapas de calor son una representación visual de las interacciones de los usuarios en su sitio o aplicación. Ilustran dónde los usuarios hacen clic, se desplazan y pasan la mayor parte del tiempo. Esta información puede ser increíblemente útil para identificar elementos problemáticos de la interfaz de usuario, comprender los flujos de navegación e incluso descubrir nuevas oportunidades de crecimiento.

Hay varias herramientas sin código disponibles para ayudarlo a generar mapas de calor, como Hotjar o Crazy Egg. La implementación de estas herramientas suele ser tan simple como agregar un fragmento de código a su sitio web o conectarlas a su aplicación a través de sus integraciones sin código.

2. Grabaciones de sesiones

Las grabaciones de sesiones capturan y reproducen sesiones de usuarios individuales en su sitio o aplicación, lo que le permite ver exactamente lo que hizo un usuario durante su visita. Este nivel de detalle puede ayudarlo a identificar puntos de fricción, problemas de usabilidad o áreas en las que los usuarios pueden tener dificultades.

Herramientas como FullStory o LogRocket brindan soluciones sin código para implementar la grabación de sesiones con facilidad. Integrarlos en su MVP le brindará información invaluable que puede usar para realizar mejoras específicas en su producto.

3. Flujos de usuario

Los flujos de usuarios representan las rutas que toman los usuarios a través de su producto para realizar tareas específicas. El análisis de estos flujos lo ayuda a comprender cómo los usuarios interactúan con su producto, descubriendo áreas donde puede mejorar la navegación, optimizar los procesos o mejorar la usabilidad general.

Herramientas como Google Analytics, Mixpanel o Amplitude pueden ayudarlo a comprender mejor los flujos de usuarios sin necesidad de código. Al configurar su producto con estas herramientas, puede comenzar a recopilar datos sobre los flujos de usuarios y usarlos para realizar mejoras iterativas.

B. Recopilación de comentarios de los usuarios

Si bien el seguimiento del comportamiento de los usuarios puede proporcionar una gran cantidad de información, también es importante comunicarse directamente con los usuarios para recopilar comentarios sobre sus experiencias. Esta retroalimentación puede ayudar a validar o desafiar sus suposiciones iniciales y proporcionar un camino más claro para realizar mejoras.

1. Encuestas y Cuestionarios

Las encuestas y los cuestionarios son una forma excelente de recopilar comentarios de los usuarios a gran escala. Al hacer preguntas estructuradas y dirigidas, puede obtener información valiosa sobre la satisfacción del usuario, el uso de funciones, los puntos débiles y más.

Las herramientas sin código como Typeform, Google Forms o SurveyMonkey pueden integrarse fácilmente en su MVP o enviarse como formularios independientes para recopilar comentarios de sus usuarios.

2. Entrevistas y sesiones de prueba de usuarios

Realizar entrevistas individuales con los usuarios u organizar sesiones de prueba de usuarios puede brindarle una comprensión más profunda de las experiencias de los usuarios con su producto. Las conversaciones y observaciones durante estas sesiones pueden ayudar a guiar el desarrollo continuo de su producto y revelar oportunidades de mejora.

Los servicios como UserTesting o Lookback brindan soluciones sin código para reclutar participantes, configurar entornos de prueba y grabar sesiones de prueba de usuarios, lo que hace que los conocimientos de estos métodos sean fácilmente accesibles.

C. Métricas y KPI

Identificar y rastrear los indicadores clave de rendimiento (KPI) para su MVP es esencial para tomar decisiones claras basadas en datos. Estas métricas pueden ayudarlo a comprender el estado general de su producto, establecer objetivos medibles y evaluar el progreso a lo largo del tiempo.

1. Métricas de adquisición

Estas métricas se centran en su capacidad para atraer, involucrar y registrar nuevos usuarios. Algunas métricas clave de adquisición incluyen:

- Número de nuevos usuarios
- Tasa de conversión
- Porcentaje de rebote
- Costo de adquisición de usuarios

2. Métricas de activación

Las métricas de activación lo ayudan a comprender la eficiencia con la que los usuarios adoptan su MVP y se benefician de su propuesta de valor central. Algunas métricas de activación comunes son:

- Tiempo hasta la primera acción clave
- Tasa de finalización de incorporación
- Número de acciones clave realizadas

3. Métricas de retención

Las métricas de retención miden la tasa a la que los usuarios continúan usando su producto después de su primera experiencia. Estas métricas brindan información sobre el valor a largo plazo que proporciona su MVP y pueden ayudar a identificar áreas de mejora. Algunos ejemplos de métricas de retención son:

- Tasa de abandono
- Usuarios activos diarios/semanales/mensuales
- Tasa de retención a lo largo del tiempo

4. Métricas de ingresos

Si su MVP está generando ingresos o planea monetizarlo en el futuro, las métricas de ingresos lo ayudan a rastrear el impacto monetario de su producto. Las métricas de ingresos importantes incluyen:

- El ingreso promedio por usuario
- Valor de por vida de un usuario (LTV)
- Ingresos recurrentes mensuales (MRR)

Conclusión

Hacer mejoras basadas en datos es un paso crucial para refinar y optimizar su MVP sin código. Mediante el seguimiento del comportamiento de los usuarios, la recopilación de comentarios de los usuarios y el control de métricas clave, puede tomar decisiones informadas e iterar sobre su producto, lo que en última instancia resulta en una oferta más exitosa y valiosa para sus usuarios. Al aprovechar las diversas herramientas y métodos sin código discutidos anteriormente, estará bien equipado para aprovechar el poder de los datos e impulsar el crecimiento de su inicio.

8. Elaboración de su estrategia de comercialización: marketing, fijación de precios y lanzamiento

8.1 Elaboración de su estrategia de comercialización: marketing, fijación de precios y lanzamiento

Una estrategia de comercialización (GTM) es un componente esencial para lanzar con éxito su MVP sin código. Es un plan integral que describe los pasos necesarios para promocionar, cotizar y lanzar de manera efectiva su producto o servicio en el mercado. En esta sección, analizaremos los aspectos clave a tener en cuenta al diseñar su estrategia de comercialización: marketing, fijación de precios y lanzamiento de su MVP.

8.1.1 Comercialización de su MVP sin código

Comercializar su MVP sin código es crucial para su éxito, ya que crea conciencia, genera interés en el usuario e impulsa la adopción. Estas son las consideraciones clave para comercializar su MVP sin arruinarse:

1. Define tu público objetivo: Empieza por identificar a tus clientes ideales; ¿Quiénes son y cuáles son sus necesidades, preferencias y puntos débiles? Puede usar personas, segmentación de mercado u otras técnicas de creación de perfiles de clientes para reducir su enfoque.

2. Desarrolle su propuesta de valor: articule claramente los beneficios únicos que su MVP brinda a su público objetivo. Esta declaración debe resaltar las características esenciales y los diferenciadores de su producto y explicar por qué resuelve su problema mejor que cualquier otra alternativa.

3. Elabore su mensaje: Desarrolle los mensajes principales que utilizará en sus campañas de marketing. Mantenga un lenguaje simple y conciso, centrándose en los beneficios y resultados de usar su producto, mientras aborda las inquietudes e intereses de su público objetivo.

4. Cree una presencia en línea básica: un sitio web mínimo y limpio o una página de destino pueden causar una primera impresión significativa en los usuarios potenciales. Incluya información esencial sobre su producto, su propuesta de valor y un claro llamado a la acción para que los visitantes se registren u obtengan más información.

5. Aproveche el marketing de contenido: crear contenido útil y valioso para su público objetivo es una forma poderosa de generar tracción. Escriba publicaciones de blog, documentos técnicos o cree videos y seminarios web para educar a su audiencia sobre el problema que resuelve y los beneficios de su solución.

6. Participe en el marketing de redes sociales: utilice los canales de redes sociales apropiados para compartir su contenido y entablar una conversación con su público objetivo. Las redes sociales pueden ser una forma eficaz y rentable de promocionar su MVP y crear una comunidad de primeros usuarios.

7. Conéctese y utilice asociaciones: asista a eventos y conferencias relevantes, únase a comunidades en línea y colabore con personas influyentes o empresas complementarias en su industria para expandir su alcance.

8.1.2 Precio de su MVP sin código

Determinar el precio correcto para su MVP puede ser un desafío, pero los siguientes factores pueden servir como guía para ayudarlo a tomar decisiones:

1. Comprenda la disposición a pagar de sus clientes: Realice encuestas, entrevistas o grupos focales con su público objetivo para comprender el valor percibido de su producto y sus expectativas de precio.

2. Analice los precios de la competencia: investigue las estrategias de precios de sus competidores y comprenda dónde se encuentra su producto en la comparación del panorama del mercado. Este conocimiento puede ayudarlo a posicionar su MVP a un precio competitivo.

3. Considere diferentes modelos de precios: hay varios modelos de precios para elegir, como gratis, compra única, suscripción, escalonado (basado en funciones, usuarios o uso) o freemium (gratis con funciones premium por un precio). Seleccione el modelo que mejor se alinee con las preferencias de sus clientes y sus objetivos comerciales.

4. **Comience con un precio inicial y sea flexible:** al fijar el precio de su MVP, es esencial estar abierto a los ajustes en función de los comentarios de sus clientes y la respuesta del mercado. Esté preparado para repetir su estrategia de precios según sea necesario.

8.1.3 Lanzamiento de su MVP sin código

Una estrategia de lanzamiento bien planificada puede marcar la diferencia para el éxito de su MVP sin código. Tenga en cuenta estas pautas para un lanzamiento sin problemas:

1. **Establezca objetivos medibles:** Establezca objetivos cuantificables y con plazos para su lanzamiento. Por ejemplo, "Adquirir 100 usuarios beta dentro de las dos semanas posteriores al lanzamiento" o "Generar una tasa de conversión del 10 % de la prueba gratuita a clientes pagos dentro del mes posterior al lanzamiento".

2. **Desarrolle un plan previo al lanzamiento:** genere entusiasmo en torno a su MVP antes del gran día nutriendo su red, interactuando con comunidades relevantes e iniciando campañas teaser u ofertas previas al lanzamiento.

3. **Implemente un lanzamiento suave:** antes de salir a bolsa, realice un lanzamiento suave para una audiencia más pequeña o una prueba beta solo por invitación. Esto lo ayudará a recopilar comentarios valiosos, solucionar cualquier problema de última hora y garantizar que su producto funcione sin problemas cuando llegue al mercado.

4. **Coordine una campaña de marketing multicanal:** planifique y ejecute una campaña de marketing que incluya

varias tácticas, como correo electrónico, relaciones públicas, marketing de contenido, alcance de personas influyentes o incluso publicidad paga para amplificar su lanzamiento y llegar a un público más amplio.

5. Proporcione una excelente atención al cliente: mejore su experiencia de usuario y retención al ofrecer una atención al cliente rápida y personal, abordar los comentarios y mejorar iterativamente su producto en función de los conocimientos de los usuarios.

En general, la elaboración de una estrategia sólida de lanzamiento al mercado juega un papel vital para garantizar que su MVP sin código gane tracción y brinde valor a su público objetivo. Al seguir estas recomendaciones sobre marketing, fijación de precios y lanzamiento de su producto, estará bien encaminado para validar su idea de inicio y acercarse al éxito.

Elaboración de su estrategia de comercialización: marketing, fijación de precios y lanzamiento

Desarrollar un MVP sin código es una forma efectiva de construir y validar rápidamente ideas de inicio. Sin embargo, incluso el producto más viable no ganará terreno sin la estrategia de marketing, el modelo de precios y el plan de lanzamiento correctos. En esta sección, exploraremos los componentes clave para diseñar una estrategia efectiva de comercialización para su MVP sin código.

Marketing: crear conciencia e impulsar el compromiso

El objetivo principal del marketing es generar interés en su producto y, en última instancia, convertir ese interés en ventas o adopción por parte del usuario. Para su MVP sin código, es crucial desarrollar un plan de marketing que se dirija a su público principal y comunique claramente la propuesta de valor de su producto.

1. **Defina su público objetivo** : comience identificando los segmentos de clientes específicos que se beneficiarán más de su producto. Cree personas detalladas que incluyan información demográfica, psicográfica y de comportamiento sobre sus clientes ideales.

2. **Desarrolle mensajes clave** : su mensaje debe centrarse en los aspectos de resolución de problemas de su producto y articular claramente su propuesta de valor única. Use un lenguaje simple para asegurarse de que su audiencia entienda el propósito y los beneficios de su producto.

3. **Elija los canales correctos** : identifique las plataformas en las que su público objetivo está más activo y comprometido, como las redes sociales, los foros de la industria o las listas de correo electrónico. Concentre sus esfuerzos de marketing en estos canales para llegar a clientes potenciales de manera más efectiva.

4. **Cree contenido valioso** : desarrolle materiales educativos, como publicaciones de blog, videos y seminarios web, enfocados en los puntos débiles de su público objetivo y cómo su producto puede abordarlos. Este enfoque no solo ayuda a establecer su marca como una autoridad en su industria, sino que también genera tráfico orgánico a su sitio web.

5. **Aproveche las asociaciones** : busque asociaciones con personas influyentes, expertos de la industria y

negocios complementarios en su nicho para aumentar la visibilidad y credibilidad de su producto.

6. **Mida el éxito** : Realice un seguimiento de la participación, las conversiones y la eficacia general de sus esfuerzos de marketing mediante herramientas de análisis. Modifique su plan de marketing según sea necesario para maximizar el retorno de la inversión.

Precios: encontrar el punto óptimo

Seleccionar el modelo de precios apropiado para su MVP sin código es fundamental, ya que puede afectar significativamente la adopción de su producto. Aquí hay algunos pasos para ayudarlo a determinar la mejor estrategia de precios:

1. **Realice estudios de mercado** : investigue los modelos de precios de los competidores, así como los estándares de la industria. Esta información le proporcionará una línea de base y una mejor comprensión de las expectativas de sus clientes.
2. **Comprenda sus costos** : calcule el costo total de desarrollar y mantener su producto, incluido el desarrollo, la infraestructura y el soporte continuo. Esto te ayudará a establecer el precio mínimo necesario para cubrir estos gastos y seguir siendo rentable.
3. **Optimice el valor** : el precio de su producto debe reflejar el valor que ofrece a los clientes. Considere realizar encuestas o pruebas de usuarios para comprender el valor percibido de su producto y compararlo con las ofertas de sus competidores.
4. **Pruebe diferentes modelos de precios** : experimente con varios modelos de precios, como freemium, suscripción o pago único, para determinar

cuál se adapta mejor a las preferencias de su público objetivo y sus objetivos comerciales.

5. **Ofrezca promociones** : atraiga a los primeros usuarios y genere entusiasmo en torno a su producto ofreciendo promociones por tiempo limitado, como descuentos o acceso exclusivo a funciones premium para los primeros suscriptores.

Lanzamiento: sincronización y ejecución

El éxito de su MVP sin código puede verse fuertemente influenciado por el momento y la ejecución del lanzamiento de su producto. Aquí hay algunos consejos para un lanzamiento exitoso:

1. **Prepárese para el lanzamiento** : antes de anunciar su producto, asegúrese de que su MVP esté estable, pulido y listo para recibir comentarios de los usuarios. Además, tenga un plan para abordar cualquier posible problema técnico que pueda surgir después del lanzamiento.
2. **Elija el momento adecuado** : seleccione una fecha de lanzamiento que maximice la atención de su público objetivo y evite conflictos con los principales eventos o días festivos de la industria.
3. **Genere anticipación** : cree una campaña previa al lanzamiento para generar entusiasmo en torno a su producto. Comparta avances en las redes sociales, publique contenido valioso que destaque las características de su producto y anime a su audiencia a registrarse para obtener acceso anticipado o unirse a una lista de espera.
4. **Aproveche su red** : comuníquese con su red personal y profesional para obtener asistencia durante el lanzamiento. Anímelos a compartir su

producto con sus propias redes, escribir reseñas o brindar testimonios.

5. **Supervise y ajuste** : después del lanzamiento, realice un seguimiento de los comentarios de los usuarios, la participación y cualquier problema técnico que pueda surgir. Utilice esta información para iterar en su MVP sin código rápidamente y realizar mejoras.

En conclusión, el éxito de su MVP sin código no solo depende de la viabilidad de su idea de producto, sino también de su estrategia de lanzamiento al mercado. Un plan de marketing sólido, un modelo de precios adecuado y un lanzamiento bien ejecutado aumentarán significativamente sus posibilidades de éxito y lo ayudarán a convertir su MVP sin código en un negocio próspero.

8. Elaboración de su estrategia de comercialización: marketing, fijación de precios y lanzamiento

En este capítulo, profundizaremos en el ámbito de la elaboración de una estrategia exitosa de lanzamiento al mercado para su MVP sin código. Al hacerlo, exploraremos los siguientes aspectos clave: comercializar su producto, fijar el precio de manera precisa y efectiva y, finalmente, lanzar su MVP a las masas.

8.1 Estrategia de mercadeo

Una estrategia de marketing bien ejecutada es fundamental para crear conciencia sobre su producto y atraer clientes potenciales. Considere las siguientes tácticas cuando diseñe su plan de marketing para su MVP sin código:

8.1.1 Establecimiento de una identidad de marca

Antes de embarcarse en su viaje de marketing, es crucial establecer una fuerte identidad de marca. Su identidad de marca debe responder a las siguientes preguntas:

- ¿Quién eres?
- Cuál es tu misión?
- ¿Qué diferencia a su producto de la competencia?

Una vez que haya abordado estas preguntas, puede crear un logotipo, un tono y una combinación de colores adecuados que resuenen con su público objetivo.

8.1.2 Identificación de audiencias objetivo

Para optimizar sus esfuerzos de marketing, identifique y segmente su público objetivo en función de sus características comunes, como datos demográficos, intereses y puntos débiles. Esto le permitirá enviar mensajes de marketing personalizados que resuenen profundamente en diferentes grupos y fomenten una conexión más profunda con su marca.

8.1.3 Comercialización de contenidos

El marketing de contenidos es una forma muy eficaz de establecer la autoridad de la marca, educar a su público objetivo y captar clientes potenciales. Utilice varios formatos, como publicaciones de blog, libros electrónicos, infografías, podcasts y contenido de video, y distribúyalos a través de diferentes canales, como redes sociales, marketing por correo electrónico y su sitio web.

8.1.4 Mercadeo en redes sociales

Aproveche el poder de las plataformas de redes sociales para crear conciencia de marca, recopilar comentarios e interactuar con su audiencia. Concéntrese en las plataformas en las que su público objetivo es más activo y esfuércese por mantener una presencia de marca consistente con un calendario de contenido.

8.1.5 Construcción de comunidad

Construir una comunidad alrededor de su marca puede amplificar significativamente sus esfuerzos de marketing. Interactúe con los usuarios en las redes sociales, participe en foros relevantes y cree un espacio para que su audiencia se conecte, por ejemplo, a través de grupos de Facebook o Slack.

8.2 Estrategia de precios

Establecer la estrategia de precios correcta para su MVP sin código puede afectar significativamente su éxito. Tenga en cuenta los siguientes factores al diseñar su plan de precios:

8.2.1 Conozca sus costos

Antes de establecer un precio para su MVP, debe ser plenamente consciente de los costos asociados con la creación y el mantenimiento del producto. Los factores a considerar incluyen costos de producción, costos de infraestructura y cualquier otro gasto operativo.

8.2.2 Realizar estudios de mercado

Investigue el panorama competitivo para obtener una mejor comprensión de los estándares de precios de la industria. Busque cualquier brecha de precios en el mercado que su MVP pueda llenar sin dejar de ser rentable.

8.2.3 Probar diferentes modelos de precios

Experimente con diferentes modelos de precios para determinar cuál funciona mejor para su producto. Algunas estrategias de precios comunes incluyen:

- Free-mium: ofrezca una versión básica de su producto de forma gratuita con la opción para que los usuarios actualicen a una versión premium rica en funciones por una tarifa.
- Basado en suscripción: cobra a los usuarios una tarifa recurrente por el acceso a tu producto, generalmente mensual o anual.
- Pago por uso: facture a los usuarios en función del uso, donde un mayor uso genera mayores tarifas.

8.3 Estrategia de lanzamiento

El lanzamiento de su MVP sin código es un hito crucial que requiere una planificación y ejecución cuidadosas. Para asegurar un lanzamiento exitoso, considere los siguientes consejos:

8.3.1 Anticipación de construcción

Genera entusiasmo por el lanzamiento de tu producto lanzando una serie de teasers, demostraciones de productos y ofertas previas al lanzamiento. Cree una lista de correo electrónico de prospectos interesados y manténgalos informados sobre el desarrollo del producto, las próximas funciones y la fecha de lanzamiento oficial.

8.3.2 Organizar un evento de lanzamiento

Organizar un evento de lanzamiento puede brindarle una valiosa exposición y validación para su MVP sin código.

Puede organizar un evento virtual en las redes sociales, un seminario web o colaborar con personas influyentes de la industria para promocionar ampliamente su MVP.

8.3.3 Iterar y mejorar

Ningún producto es perfecto en el momento del lanzamiento. Fomente los comentarios de los usuarios y actualice y perfeccione continuamente su producto en función de los conocimientos recopilados. Las reseñas de los usuarios y las historias de éxito pueden servir como poderoso contenido de marketing para futuras campañas.

En conclusión, una estrategia de lanzamiento al mercado bien diseñada que incorpore técnicas de marketing, fijación de precios y lanzamiento puede maximizar el éxito de su MVP sin código. Al adaptar su mensaje a su público objetivo, seleccionar una estrategia de precios adecuada y lanzar su producto con un toque, allana el camino para el crecimiento exitoso de su inicio sin código.

8. Elaboración de su estrategia de comercialización: marketing, fijación de precios y lanzamiento

Uno de los determinantes más significativos del éxito de su startup es su estrategia de lanzamiento al mercado (GTM). Una estrategia GTM describe cómo su producto alcanzará y atraerá a sus clientes objetivo, lo que influye directamente en su resultado final. Esto requiere comprender a su público objetivo, determinar canales de marketing efectivos, estrategias de precios y un plan de lanzamiento impactante para validar y escalar su MVP sin código.

8.1 Determine su público objetivo

Su público objetivo es el grupo de clientes a los que su MVP pretende servir. Estas son las personas que se beneficiarán más de su producto y estarían dispuestas a pagar por él. Es esencial comprender a su audiencia, una tarea que se puede dividir en dos partes:

1. **Datos demográficos** : el perfil demográfico de su público objetivo incluye características como la edad, el sexo, la ocupación, los niveles de ingresos y la ubicación. Puede utilizar estas señales para desarrollar su estrategia de marketing y hacer que sus mensajes sean más relevantes para segmentos de clientes específicos.
2. **Psicografía** : Esto se refiere a las actitudes, creencias, preferencias y motivaciones de su público objetivo. Comprender la psicografía lo ayuda a conectarse mejor con su audiencia, adaptar su mensaje de marketing y diseñar características que resuenen con los clientes potenciales.

Hágase estas preguntas clave para definir su público objetivo:

- ¿Quiénes son las personas que enfrentan el problema que resuelve nuestro MVP?
- ¿Cuáles son sus necesidades, preferencias y comportamientos?
- ¿Cómo se beneficiarían de nuestro producto o servicio?

8.2 Seleccione sus canales de marketing

178

Una vez que tenga una comprensión clara de su público objetivo, es hora de identificar los mejores canales de marketing para llegar a ellos. Estos pueden incluir:

- **Marketing de contenido** : publicar publicaciones de blog, artículos y otro contenido que destaque su producto y muestre su experiencia en el campo. Esto ayuda a generar confianza, involucrar a su audiencia y atraer tráfico de búsqueda orgánica con el tiempo.
- **Marketing por correo electrónico** : redacte boletines periódicos o actualizaciones para conectarse con clientes potenciales y existentes. Ofrezca información valiosa, actualizaciones sobre las características del producto o promociones exclusivas para mantener a su audiencia comprometida con su marca.
- **Marketing en redes sociales** : utilice varias plataformas de redes sociales como Facebook, LinkedIn y Twitter para mostrar la personalidad de su marca, impulsar el compromiso y crear rumores sobre su MVP.
- **Alcance de personas influyentes/relaciones públicas** : asóciese con personas influyentes, blogueros y medios de comunicación para la promoción, reseñas y patrocinios de productos. Esta es una forma rentable de generar conciencia y credibilidad para su marca.
- **Publicidad paga** : use anuncios dirigidos en motores de búsqueda (como Google Ads) o plataformas de redes sociales (como Facebook, Twitter o LinkedIn) para llegar a sus clientes objetivo más rápidamente.

8.3 Establezca su estrategia de precios

El precio es un factor crucial para atraer y retener clientes. Una estrategia de precios bien definida garantiza que su público objetivo perciba el valor de su oferta y esté dispuesto a pagar por ella. Puede considerar modelos de precios como:

- **Freemium** : Proporcione acceso a una versión básica de su producto de forma gratuita mientras ofrece planes pagos con funciones adicionales. Esto puede ayudar a adquirir e involucrar a una gran base de usuarios y generar conversiones a planes pagos con el tiempo.
- **Suscripción** : cobra una tarifa recurrente por acceder a tu producto o servicio. Esto permite a los usuarios pagar por el uso continuo y ayuda a generar un flujo de ingresos predecible para su negocio.
- **Pago por uso** : cobra a los usuarios en función del uso real del producto. Esto puede hacerlo más atractivo para los clientes potenciales que no desean compromisos a largo plazo ni tarifas por adelantado.

Al seleccionar el modelo de precios adecuado para su MVP, considere el panorama competitivo, la disposición a pagar de su público objetivo y sus costos operativos.

8.4 Inicie su MVP sin código

Ahora que tiene su audiencia objetivo, marketing y estrategias de precios, es hora de lanzar su MVP. El objetivo aquí es validar sus hipótesis, adquirir clientes tempranos y recopilar comentarios iniciales de los usuarios. Para asegurar un lanzamiento exitoso, tenga en cuenta los siguientes puntos:

1. **Planifique con anticipación** : elabore una línea de tiempo de lanzamiento que incluya actividades de marketing previas al lanzamiento, objetivos de

tracción y lo que desea aprender de los comentarios iniciales de los usuarios.

2. **Actividades previas al lanzamiento** : comparta adelantos, teasers o invitaciones beta para generar entusiasmo sobre su producto. Conéctese con personas influyentes, blogueros o contactos de los medios para garantizar la cobertura durante el lanzamiento.

3. **Optimice su sitio web** : asegúrese de que su sitio web tenga mensajes claros, llamados a la acción y un proceso de incorporación sencillo para ayudar a los nuevos usuarios a comprender su propuesta de valor rápidamente.

4. **Métricas de seguimiento** : Supervise los indicadores clave de rendimiento (KPI) para su MVP posterior al lanzamiento, incluidas las tasas de adquisición de usuarios, las tasas de conversión, la retención y los comentarios de los usuarios. Estos conocimientos ayudarán a mejorar su producto, estrategia de marketing e informarán sus próximos pasos.

Recuerda que el lanzamiento de tu MVP es solo el punto de partida. La mejora continua basada en los comentarios de los usuarios y la optimización basada en datos mantendrá su producto competitivo y maximizará su potencial para el éxito a largo plazo.

8.1 Elaboración de su estrategia de comercialización: marketing, fijación de precios y lanzamiento

Una vez que su MVP (Producto mínimo viable) sin código esté listo, es hora de introducirlo en el mercado. La elaboración de una estrategia eficaz de comercialización

(GTM) incluye marketing, fijación de precios y lanzamiento de su producto. En esta sección, cubriremos varios aspectos de cada uno de estos elementos críticos, que lo ayudarán no solo a llegar a más clientes potenciales, sino también a maximizar sus posibilidades de un lanzamiento exitoso.

8.1.1 Desarrollo de la estrategia de marketing

Desarrollar una estrategia de marketing integral es esencial al lanzar su MVP. Para comenzar, querrá considerar las siguientes áreas:

1. **Mercado objetivo y personas** : el primer paso es identificar su mercado objetivo y crear personas compradoras. Conocer a su público objetivo lo ayudará a adaptar sus mensajes y seleccionar los canales de marketing más relevantes. Cree perfiles de compradores detallados, que incluyan datos demográficos, patrones de comportamiento y objetivos.
2. **Análisis Competitivo** : Analice su competencia e identifique sus fortalezas y debilidades. Esta información lo ayudará a comprender las propuestas de venta únicas (PVU) de su producto. También le permitirá comunicar estos USP a su público objetivo de manera efectiva.
3. **Canales de marketing** : la identificación de los canales de marketing apropiados es crucial. Considere usar canales orgánicos (SEO, marketing de contenido, redes sociales) y pagos (Google Ads, Facebook Ads) o cualquier otro canal relevante para su público objetivo.
4. **Mensajería y posicionamiento** : cree mensajes únicos que diferencien su producto de la competencia. Su mensaje debe ser claro, conciso y abordar directamente las necesidades de su público

objetivo. Además, concéntrese en enfatizar las USP de su producto.

5. **Presupuesto y cronograma** : determine el presupuesto requerido para sus iniciativas de marketing y desarrolle un cronograma que describa la secuencia de tareas e hitos.

8.1.2 Establecer la estrategia de precios adecuada

Establecer el precio correcto para su producto es fundamental para su éxito en el mercado. Hay seis estrategias principales que puede utilizar para fijar el precio de su producto:

1. **Precios Cost-Plus** : Calcule los costos totales de crear su producto y agregue un margen de beneficio porcentual para contabilizar las ganancias.
2. **Precios competitivos** : establezca su precio en función de los precios de sus competidores.
3. **Precios basados en el valor** : determine el precio en función del valor que su producto agrega a sus clientes.
4. **Precios Freemium** : ofrece una versión básica del producto de forma gratuita, con funciones adicionales disponibles mediante el pago de una tarifa.
5. **Precios escalonados o variables** : ofrezca diferentes niveles de precios con diferentes características y capacidades.
6. **Precios de Penetración** : Introducir el producto a un precio bajo para atraer clientes inicialmente, luego aumentar el precio con el tiempo.

Considere usar una combinación de estas estrategias para establecer un precio atractivo pero rentable para su MVP.

8.1.3 Actividades previas al lanzamiento

Antes de lanzar su MVP, hay varias actividades previas al lanzamiento que debe realizar:

1. **Creación de una lista previa al lanzamiento** : cree una página de destino para recopilar direcciones de correo electrónico y crear una lista de clientes potenciales que estén interesados en su producto.
2. **Relaciones públicas (PR)** : comuníquese con medios de comunicación, personas influyentes y blogueros relevantes para obtener cobertura o menciones de su producto.
3. **Marketing de contenido** : cree contenido valioso (publicaciones de blog, libros electrónicos, seminarios web, etc.) dirigido a su público objetivo y abordando sus necesidades o desafíos.
4. **Redes sociales** : Involucre a su público objetivo en plataformas de redes sociales relevantes a través de publicaciones, participación y contenido compartido consistentes.
5. **Marketing por correo electrónico** : envíe correos electrónicos personalizados a su lista de prelanzamiento para proporcionar actualizaciones, compartir contenido y crear entusiasmo sobre el próximo lanzamiento de su producto.

8.1.4 Lanzamiento de su MVP

Una vez que haya completado sus actividades previas al lanzamiento, es hora de lanzar su MVP:

1. **Lanzamiento suave** : un lanzamiento suave le permite probar su producto con un pequeño grupo de clientes antes del lanzamiento oficial. Lo ayuda a identificar cualquier problema, recopilar comentarios y realizar mejoras en su MVP en función de escenarios de la vida real.

2. **Lanzamiento público** : después de abordar los comentarios recibidos durante el lanzamiento preliminar, puede continuar con el lanzamiento público. Asegúrese de haber actualizado sus materiales de marketing, sitio web y página de destino con la información más reciente.

3. **Alcance y promoción** : ejecute su estrategia de marketing participando en el alcance y la promoción de su producto a través de los canales de marketing elegidos.

4. **Rastrear y medir** : Supervise el rendimiento de su MVP utilizando indicadores clave de rendimiento (KPI) como descargas, suscripciones, participación e ingresos.

5. **Iterar y optimizar** : analice los resultados, recopile los comentarios de los clientes y ajuste continuamente su estrategia de marketing, las características del producto y los precios para optimizar el rendimiento de su MVP.

En conclusión, la elaboración de una estrategia integral de GTM que abarque marketing, fijación de precios y tácticas de lanzamiento efectivas no solo garantizará un lanzamiento exitoso, sino que también maximizará el potencial de su MVP sin código. Tomarse el tiempo para investigar su mercado objetivo, diseñar la campaña promocional adecuada e implementar una estrategia efectiva pondrá su producto en el camino del éxito.

9. Escalar su inicio sin código: estrategias de crecimiento y técnicas avanzadas

9.2 Técnicas Avanzadas en No-Code para Escalar Tu Startup

Una vez que haya construido y validado con éxito su idea utilizando un Producto Mínimo Viable (MVP) sin código, el siguiente paso es escalar su inicio. Escalar significa hacer crecer su base de usuarios, aumentar sus ingresos y optimizar sus operaciones. Con herramientas sin código a su disposición, puede ejecutar con éxito estrategias de crecimiento y técnicas avanzadas sin escribir una sola línea de código.

9.2.1 Automatice sus operaciones

La automatización puede ayudar a reducir los esfuerzos manuales y optimizar sus operaciones. Muchas herramientas sin código ofrecen integraciones y opciones de automatización que lo ayudan a conectar diferentes aspectos de su negocio, haciéndolos funcionar de manera más eficiente.

Zapier

Zapier es una plataforma de automatización sin código. Permite a las empresas integrar múltiples aplicaciones y automatizar sus flujos de trabajo. Con una biblioteca de más de 2000 aplicaciones, incluidos servicios populares como Slack, Trello y Gmail, Zapier facilita la creación de automatizaciones personalizadas sin necesidad de conocimientos de programación.

En lugar de dedicar tiempo a tareas repetitivas, como ingresar información manualmente en hojas de cálculo o enviar correos electrónicos, puede configurar un "Zap" para que haga el trabajo automáticamente.

integromat

Integromat es otra plataforma de automatización sin código que lo ayuda a automatizar sus flujos de trabajo. Es similar a Zapier, pero ofrece una forma más visual de crear integraciones complejas con una amplia gama de aplicaciones y servicios. Integromat también proporciona funciones más avanzadas, como el manejo de errores y funciones lógicas personalizadas que se pueden agregar a su flujo de trabajo.

9.2.2 Aumente los ingresos con análisis sin código y optimización de la tasa de conversión

Desbloquear el poder de los datos es esencial para escalar su inicio. Con análisis sin código y herramientas de optimización de la tasa de conversión, puede tomar decisiones basadas en datos sin necesidad de conocimientos técnicos.

Google analitico

Google Analytics es una popular herramienta de análisis sin código que lo ayuda a comprender mejor el tráfico de su sitio web y el comportamiento de la audiencia. Le permite analizar datos y realizar mejoras en su sitio web, lo que a su vez puede generar tasas de conversión más altas y mayores ingresos.

Hotjar

Hotjar es una herramienta sin código que lo ayuda a comprender el comportamiento de los usuarios en su sitio web. Usando mapas de calor, registros de visitantes y embudos de conversión, Hotjar proporciona información que puede ayudarlo a optimizar su sitio y aumentar los ingresos.

187

de forma optimizada

Optimizely es una plataforma sin código para realizar pruebas A/B y personalizar su sitio web para mejorar la experiencia del usuario y las tasas de conversión. Ofrece una interfaz fácil de usar para crear experimentos, analizar resultados e implementar cambios basados en datos en su sitio web.

9.2.3 Optimizar y escalar la incorporación y el soporte de clientes

Escalar también significa tener la infraestructura y los procesos para manejar un número creciente de clientes. Las herramientas sin código pueden ayudarlo a automatizar, optimizar y escalar la incorporación y el soporte de clientes.

Intercomunicador

Intercom es una plataforma sin código para gestionar las comunicaciones con los clientes. Ofrece un conjunto de herramientas para atención al cliente, mensajería y compromiso, lo que le permite administrar de manera proactiva y eficiente su creciente base de usuarios.

tipo de letra

Typeform es una herramienta sin código para crear formularios y encuestas atractivos y conversacionales. Le permite crear hermosos formularios optimizados para dispositivos móviles que se pueden usar para comentarios de los clientes, generación de clientes potenciales y más.

Explorador de ayuda

HelpScout es una mesa de ayuda sin código y una plataforma de atención al cliente. Proporciona una bandeja de entrada compartida para que su equipo administre y realice un seguimiento de las consultas de los clientes entrantes, ofreciendo soporte rápido y personalizado.

9.2.4 Herramientas y estrategias para escalar la adquisición de usuarios

Hacer crecer su base de usuarios es fundamental para escalar su inicio. Con herramientas y estrategias de adquisición de usuarios sin código, puede atraer a más usuarios a su producto mientras mantiene bajos los costos de adquisición.

mailchimp

Mailchimp es una plataforma de marketing por correo electrónico sin código. Le permite crear campañas de correo electrónico personalizadas y dirigidas, que pueden ayudar a atraer más usuarios a su inicio.

Bufer/Pablo

Buffer es una plataforma de administración de redes sociales sin código que lo ayuda a programar, publicar y analizar su contenido de redes sociales. Pablo by Buffer es una herramienta de diseño gráfico sin código para crear rápidamente imágenes atractivas para las redes sociales.

Rebote

Unbounce es un creador de páginas de destino sin código que le permite crear páginas de destino de alta conversión para sus campañas de marketing, impulsando más suscripciones y usuarios.

9.2.5 Siga experimentando e iterando

Finalmente, escalar su startup es un proceso continuo para el cual la iteración es clave. Experimentar continuamente con nuevas estrategias de crecimiento mientras usa herramientas sin código para probar, analizar y optimizar lo ayudará a mantenerse a la vanguardia de la competencia y a que su startup siga creciendo.

Aprovechar las técnicas y herramientas avanzadas sin código le permite escalar su inicio de manera efectiva a través de la automatización, el análisis, la optimización de la tasa de conversión y las estrategias de adquisición de usuarios. Siga iterando y experimentando para encontrar la mejor combinación de herramientas y tácticas que funcionen para sus necesidades y objetivos específicos, asegurando el crecimiento y el éxito de su startup.

9.1 Utilización de herramientas avanzadas sin código e integraciones para el crecimiento

Una vez que haya alcanzado un cierto nivel de tracción y encaje en el mercado de productos con su MVP sin código, es hora de cambiar su enfoque para escalar su inicio. Las plataformas y herramientas sin código permiten a los dueños de negocios implementar estrategias de crecimiento y técnicas avanzadas sin la necesidad de depender de un equipo técnico, lo que hace que el escalamiento sea más eficiente y rentable. En esta sección, profundizaremos en los detalles de cómo puede aprovechar las poderosas herramientas sin código para escalar su inicio.

9.1.1 Automatice sus flujos de trabajo

La automatización es la clave para escalar un negocio de manera eficiente. A medida que su startup crece, se vuelve cada vez más desafiante administrar y rastrear todo manualmente. Las herramientas sin código como Zapier, Integromat y N8n le permiten automatizar sus flujos de trabajo y eliminar tareas rutinarias, ahorrándole a usted y a su equipo horas de tiempo valioso para concentrarse en tareas más importantes.

Para comenzar a automatizar su puesta en marcha, identifique los procedimientos y tareas que consumen más tiempo, como la incorporación de nuevos clientes, el envío de correos electrónicos de seguimiento, la gestión de publicaciones en redes sociales y el seguimiento de clientes potenciales. Utilice herramientas de automatización para crear flujos de trabajo personalizados que agilicen estas tareas con criterios predefinidos.

9.1.2 Análisis y compromiso del usuario

Las herramientas avanzadas de análisis y participación del usuario son esenciales para comprender el comportamiento del usuario, identificar áreas de mejora y monitorear el crecimiento de su startup. Herramientas como Google Analytics, Mixpanel y Hotjar brindan información esencial sobre sus usuarios, lo que le permite tomar decisiones basadas en datos para modificar y refinar su producto o servicio.

Además, utilice herramientas de análisis sin código para establecer objetivos de conversión personalizados, monitorear los canales de adquisición de usuarios y optimizar sus embudos de marketing y ventas. De esta manera, puede realizar un seguimiento preciso de su crecimiento y tomar decisiones informadas sobre cómo asignar su tiempo y recursos para maximizar el ROI.

9.1.3 Personalice y optimice sus estrategias de marketing

Con herramientas sin código, puede crear y probar fácilmente varias estrategias y campañas de marketing, midiendo su impacto en su crecimiento y optimizándolas para obtener mejores conversiones. Utilice plataformas como MailChimp, ConvertKit y HubSpot para crear secuencias de automatización de correo electrónico, realizar pruebas A/B y personalizar sus interacciones con los usuarios.

Además, considere aprovechar las herramientas de administración de redes sociales como Buffer, Hootsuite y SocialBee para programar y mantener una presencia en línea constante en todas las plataformas. Estas herramientas también pueden ayudarlo a administrar y analizar sus datos de redes sociales, lo que le permite adaptar sus mensajes y contenido a las preferencias de su audiencia.

9.1.4 Aprovechar el poder de la construcción de la comunidad

Una comunidad comprometida y leal puede contribuir enormemente al crecimiento de una startup. La creación de una comunidad apasionada en torno a su producto o servicio ayuda a la retención de usuarios, amplía su alcance y proporciona información valiosa sobre las necesidades, preferencias y puntos débiles de los usuarios.

Aproveche herramientas como Circle, Tribe o Discord para crear una plataforma comunitaria sin código donde sus clientes puedan interactuar entre sí y con su equipo. Participe en discusiones significativas, solicite comentarios valiosos y brinde beneficios exclusivos para miembros para fomentar la lealtad de la comunidad.

9.1.5 Incorporar inteligencia artificial y aprendizaje automático

Las tecnologías avanzadas como la inteligencia artificial y el aprendizaje automático pueden cambiar las reglas del juego para el crecimiento de su startup. Las herramientas sin código como AlwaysAI, Open.AI o DataRobot pueden agregar potentes funciones de IA a su producto o servicio sin la necesidad de expertos dedicados en su equipo.

Por ejemplo, puede usar chatbots de IA para mejorar la atención al cliente, crear experiencias personalizadas con aprendizaje automático o automatizar la creación de contenido con herramientas de procesamiento de lenguaje natural. Aproveche el potencial de estas tecnologías avanzadas con plataformas sin código para mantenerse por delante de la competencia.

9.1.6 Iterar y mejorar continuamente su producto

A medida que su startup crece, itere y mejore continuamente su producto en función de los comentarios de los usuarios y la información de los datos. Utilice herramientas avanzadas sin código como SurveySparrow, Typeform o Bravo Studio para recopilar comentarios de los usuarios, realizar encuestas y crear prototipos de nuevas funciones. Con las soluciones sin código, puede lanzar rápidamente nuevas iteraciones, reducir el tiempo de desarrollo y mantenerse ágil para responder a las necesidades y preferencias de sus clientes.

9.1.7 Resumen

Escalar su startup sin código significa aprovechar herramientas, tecnologías e integraciones avanzadas para optimizar la eficiencia e impulsar el crecimiento. Experimente continuamente con nuevas estrategias, perfeccione los procesos y adopte una mentalidad basada en datos. Utilice el poder de las plataformas sin código para mantenerse ágil, adaptable y receptivo a las demandas de los clientes y del mercado, potenciando el éxito general de su startup.

Al aprovechar las capacidades de las herramientas sin código para la automatización, el análisis, el marketing, la creación de comunidades, la integración de IA y la iteración rápida de productos, puede escalar de manera efectiva su inicio, crear una ventaja competitiva sostenible y convertir su MVP en un negocio próspero.

Automatización de procesos para escalabilidad

A medida que su startup comienza a crecer, los procesos manuales que parecían manejables al principio pueden consumir mucho tiempo y dificultar su capacidad de escalar de manera eficiente. Identificar estos procesos y encontrar formas de automatizarlos sin código puede ahorrarle tiempo y recursos, ayudándole a crecer aún más rápido.

En esta sección, exploraremos algunas herramientas populares de automatización sin código y cómo pueden ayudar a mejorar los procesos dentro de su inicio.

Zapier: automatización del flujo de trabajo

Zapier es una de las herramientas de automatización sin código más populares disponibles. Conecta miles de aplicaciones y automatiza los flujos de trabajo entre ellas, ahorrándote el tiempo y las molestias de la entrada manual de datos y las actualizaciones.

Al crear lo que Zapier llama "Zaps", puede automatizar varias tareas en función de activadores y acciones entre aplicaciones compatibles. Por ejemplo, puede crear un Zap que se active cuando alguien complete un formulario en su sitio web y luego agregue automáticamente su información a su CRM o software de marketing por correo electrónico.

Aquí hay algunos casos de uso potenciales para automatizar procesos con Zapier:

- Cree automáticamente una nueva tarjeta de Trello, una tarea de Asana o un elemento del tablero de Monday.com cuando se envíe una nueva solicitud de función o un informe de error.
- Mueva las tareas completadas al software, las carpetas o las etapas de gestión de proyectos relevantes al finalizar
- Sincronice contactos y datos de clientes desde su CRM a su software de marketing por correo electrónico o, por el contrario, desde su software de marketing por correo electrónico a su CRM

- Reciba notificaciones en Slack cuando ocurran eventos críticos, como registros de nuevos usuarios, ventas de productos o envíos importantes de formularios de sitios web.
- Automatice la programación de redes sociales conectando herramientas como Buffer o Hootsuite a su calendario de contenido

Integromat: constructor de automatización visual

Integromat es otra herramienta de automatización sin código que ofrece un generador visual para crear flujos de trabajo de automatización. Al igual que Zapier, Integromat conecta varias aplicaciones y servicios para automatizar tareas, pero con mayor flexibilidad en términos de manipulación de datos y flujos de trabajo de varios pasos.

Con la interfaz de arrastrar y soltar de Integromat, puede mapear visualmente cómo se transfieren y transforman los datos entre diferentes aplicaciones. Si bien esto puede ser más avanzado que Zapier, brinda un mayor control sobre sus flujos de trabajo y puede manejar casos de uso de automatización más sofisticados.

Integromat puede ayudarlo a automatizar procesos como:

- Transformaciones y cálculos de datos complejos entre aplicaciones (p. ej., calcular el valor de por vida de un cliente antes de sincronizarlo con su CRM)
- Crear una secuencia de incorporación automatizada para nuevos usuarios, incluidas tareas como enviar un correo electrónico de bienvenida, agregarlos a una secuencia de correo electrónico relevante y asignar a

un miembro del equipo para que les dé seguimiento personalmente.

- Seguimiento y análisis de eventos del sitio web, como visitas de usuarios, clics de botones o compras, para optimizar la experiencia del usuario y aumentar las conversiones.

Herramientas para automatizar la atención al cliente

La atención al cliente a menudo requiere mucho tiempo y mano de obra, y a medida que su startup crece, brindar un soporte receptivo y eficiente puede resultar cada vez más desafiante. Sin embargo, existen varias herramientas sin código que pueden ayudarlo a optimizar sus servicios de soporte:

- **Intercom** : Intercom es una plataforma de comunicación con el cliente que ofrece una variedad de características diseñadas para facilitar una mejor atención y participación del cliente. Una de esas características es Operator , un chatbot impulsado por IA que puede responder automáticamente preguntas comunes de los clientes, programar reuniones o enrutar conversaciones a los miembros del equipo apropiados.
- **ManyChat** : ManyChat le permite crear chatbots de Facebook Messenger para automatizar la atención al cliente, las ventas y el marketing. Al configurar flujos de trabajo automatizados, puede responder preguntas frecuentes, recopilar clientes potenciales o incluso completar procedimientos de compra directamente dentro de Messenger.
- **HelpDocs** : HelpDocs es una plataforma de base de conocimiento que hace que sea rápido y sencillo

crear y organizar artículos de ayuda para sus usuarios. Una base de conocimientos bien organizada permite a sus clientes encontrar respuestas a sus preguntas de forma independiente, lo que reduce el volumen de tickets de soporte y ahorra tiempo a su equipo.

Conclusión

A medida que escala su startup, crece la necesidad de automatización. Adoptar el movimiento sin código e incorporar herramientas de automatización y estrategias de crecimiento sin código en su negocio no solo le permite optimizar los procesos para lograr eficiencia, sino que también libera tiempo para que usted y su equipo se concentren en nuevas ideas y mejoras.

La automatización sin código le permite crecer y escalar su startup sin sacrificar la calidad ni incurrir en deudas técnicas adicionales. A medida que continúe en este viaje, mantenga su curiosidad sobre las nuevas herramientas, tecnologías y técnicas que hacen que el escalado sea más accesible, más eficiente y más rentable.

9.1 Aprovechamiento de herramientas sin código para estrategias de crecimiento

Hacer crecer su startup requiere no solo escalar su base de usuarios, sino también aumentar la satisfacción, la retención y los ingresos del cliente. La buena noticia es que las herramientas sin código pueden ayudarlo a ejecutar estrategias de crecimiento y técnicas avanzadas sin contratar un equipo de desarrollo más grande o pasar meses aprendiendo a codificar. En esta sección, describiremos varias estrategias para ayudar a hacer crecer su inicio y exploraremos cómo se pueden aprovechar las herramientas sin código para implementarlas de manera eficiente.

1. Optimice su experiencia de incorporación

Su experiencia de incorporación es crucial para convertir nuevos usuarios en clientes comprometidos. Un proceso de incorporación fluido puede reducir la rotación y mejorar la retención de usuarios. Las herramientas sin código pueden ayudarlo a crear un flujo de incorporación simplificado que guíe a los usuarios a través de las funciones de su producto y los aliente a tomar medidas.

- **Tutorial y recorridos:** las herramientas sin código como UserGuiding y Usetiful le permiten crear tutoriales y recorridos interactivos sin necesidad de codificación. Puede mostrar a los usuarios exactamente cómo usar su producto y educarlos sobre sus características únicas.
- **Comentarios de los usuarios:** recopilar comentarios de los usuarios durante el proceso de incorporación puede ayudarlo a mejorar su producto y abordar los puntos débiles de los usuarios. Las herramientas sin código como Hotjar y UserVoice le permiten recopilar y analizar los comentarios de los usuarios, para que pueda tomar decisiones basadas en datos para optimizar su experiencia de incorporación.

2. Aumentar la participación del usuario

Invertir en estrategias de participación de los usuarios puede ayudar a aumentar el uso de su producto y capacitar a los usuarios para encontrar más valor en su oferta con el tiempo. Aproveche las herramientas sin código para crear sistemas de gamificación, experiencias de usuario personalizadas o campañas de notificación para volver a atraer a los usuarios.

- **Gamificación:** incentivar a los usuarios para que realicen las acciones deseadas o recompensarlos por sus logros puede ayudar a aumentar la participación de los usuarios. Las herramientas sin código como Gleam o SailPlay pueden ayudarlo a crear sistemas de gamificación, como sistemas de puntos, insignias y tablas de clasificación, sin ningún tipo de codificación.
- **Experiencias de usuario personalizadas:** adaptar el contenido de su producto según las preferencias y el comportamiento de sus usuarios puede crear una experiencia de usuario más atractiva. Las herramientas sin código como Segment y Optimizely pueden ayudarlo a crear experiencias de usuario personalizadas en función de factores como la ubicación del usuario, el tipo de dispositivo o las interacciones anteriores.
- **Campañas de notificación:** el envío de notificaciones a los usuarios en función de su comportamiento o inactividad puede ayudar a mantenerlos comprometidos con su producto. Muchas herramientas sin código, como OneSignal y Pusher , le permiten enviar notificaciones por correo electrónico o dispositivos móviles en función de acciones o eventos específicos.

3. Automatice el marketing y las ventas

Automatizar los esfuerzos de marketing y ventas de su startup puede ahorrarle tiempo y recursos al mismo tiempo que aumenta su capacidad para llegar a más clientes. Las herramientas sin código pueden ayudarlo a automatizar varias etapas de su embudo de ventas, desde la generación de prospectos hasta el fomento y la incorporación.

- **Automatización de correo electrónico:** el envío de correos electrónicos personalizados y automatizados en función del comportamiento del usuario o la interacción con su producto puede ayudarlo a nutrir clientes potenciales y convertir a los usuarios en clientes. Las herramientas sin código como Mailchimp y ActiveCampaign pueden ayudarlo a configurar secuencias de correo electrónico automatizadas para mantener a los usuarios interesados.

- **Automatización de redes sociales:** las herramientas sin código como Hootsuite y Buffer pueden ayudarlo a administrar y programar de manera eficiente sus publicaciones en las redes sociales, lo que le permite mantener una presencia constante en las plataformas sociales.

- **Generación de clientes potenciales:** las herramientas sin código como Typeform y Landbot pueden ayudarlo a crear formularios atractivos y chatbots para recopilar información de los usuarios y generar clientes potenciales para su equipo de ventas.

- **Integración de CRM:** la integración de sus herramientas sin código con plataformas CRM populares como Salesforce o HubSpot puede ayudarlo a administrar y analizar datos de clientes, identificar oportunidades de ventas y cerrar tratos de manera más eficiente.

4. Optimice su sitio web y producto para la conversión

Mejorar la tasa de conversión de su sitio web puede tener un impacto significativo en el crecimiento de su inicio. Al probar y optimizar sus páginas de destino, flujos de usuarios y llamadas a la acción, puede aumentar la cantidad de visitantes que se convierten en clientes.

- **Pruebas A/B:** las herramientas sin código como Optimizely y Google Optimize pueden ayudarlo a crear y ejecutar pruebas A/B para evaluar diferentes variaciones de su sitio web o aplicación e identificar el diseño, la copia o el flujo de usuarios con mejor rendimiento.
- **Mapas de calor y seguimiento de clics:** herramientas como Hotjar o Crazy Egg pueden ayudarlo a rastrear dónde hacen clic, se desplazan o se desplazan los usuarios en su sitio web, brindando información valiosa sobre áreas potenciales de mejora.
- **Optimización de la tasa de conversión (CRO):** las plataformas sin código como Unbounce o Instapage pueden ayudarlo a diseñar y publicar páginas de destino altamente optimizadas enfocadas en mejorar sus tasas de conversión.

Al aprovechar las herramientas sin código en estas estrategias de crecimiento, puede escalar de manera eficiente su inicio, enfocándose en mejorar las experiencias de los usuarios y maximizar los ingresos mientras reduce el tiempo dedicado a las tareas de desarrollo. El tiempo ahorrado se puede utilizar para pensar estratégicamente y crear más oportunidades de crecimiento.

Creación de una infraestructura empresarial escalable

A medida que su startup comienza a crecer, se vuelve cada vez más importante contar con una infraestructura comercial escalable. Esto significa optimizar sus flujos de trabajo, hacer crecer su base de clientes, expandirse a nuevos mercados y poder adaptarse rápidamente a los cambios en el entorno empresarial. Con herramientas sin código, puede optimizar y automatizar muchos aspectos de sus operaciones, aumentando su eficiencia y asegurando que su negocio permanezca ágil.

1. Optimice sus flujos de trabajo

Un componente clave para escalar su inicio es optimizar y agilizar sus flujos de trabajo. A medida que aumenta la cantidad de usuarios, clientes y miembros del equipo, las tareas y la comunicación pueden volverse más complejas y desorganizadas. La poderosa funcionalidad de las herramientas sin código puede ayudarlo a administrar esto:

- Automatice tareas repetitivas: su equipo podría estar perdiendo un tiempo valioso en tareas que pueden automatizarse. Con herramientas sin código como Zapier , puede automatizar tareas repetitivas como actualizar su CRM o enviar correos electrónicos, liberando tiempo y recursos para tareas más importantes.
- Optimice la gestión de proyectos: realice un seguimiento de varios proyectos y asegúrese de que su equipo esté alineado con sus objetivos mediante el uso de herramientas de gestión de proyectos sin código, como Trello , ClickUp y Notion . Al

automatizar procesos y administrar eficientemente el tiempo de su equipo, aumentará la productividad y reducirá el riesgo de cuellos de botella.

- Integre sus aplicaciones: a medida que crezca su negocio, probablemente utilizará más herramientas para administrar diferentes aspectos de sus operaciones. Las plataformas sin código como Integromat le permiten integrar diferentes aplicaciones y automatizar los flujos de datos entre ellas. Al centralizar sus datos, puede tomar mejores decisiones y automatizar más operaciones.

2. Alcance y participación del cliente

El crecimiento de su startup depende de la atracción continua de nuevos clientes y la retención de los existentes. Conéctese con clientes potenciales y fortalezca las relaciones existentes mejorando su presencia digital y aprovechando los datos.

- Cree campañas de correo electrónico sólidas: las campañas de correo electrónico automatizadas pueden ayudarlo a interactuar con su audiencia, generar nuevos clientes potenciales y aumentar sus ingresos. Herramientas como Mailchimp le permiten crear, administrar y optimizar sus campañas de correo electrónico sin ningún conocimiento de codificación, lo que facilita que las nuevas empresas escalen sus esfuerzos de marketing.
- Potencie la toma de decisiones basada en datos: para escalar de manera efectiva, es importante comprender a su público objetivo y su comportamiento. Las herramientas como Google Analytics y Mixpanel le permiten rastrear y analizar el comportamiento de los usuarios en su sitio web o aplicación, mientras que las herramientas sin código

como Airtable le permiten organizar, analizar y visualizar los datos de los clientes. Al comprender mejor a sus clientes, puede ajustar las estrategias de marketing y crecimiento para optimizar el rendimiento.

3. Explorando nuevos mercados

Una estrategia de escala exitosa a menudo incluye expandirse a nuevos mercados. Con herramientas sin código, puede construir y probar rápidamente sus esfuerzos antes de comprometer recursos valiosos.

- Traduzca su sitio web: Traduzca su sitio web y hágalo más accesible para los usuarios en diferentes mercados utilizando herramientas de traducción sin código como Weglot o Localize .
- Cree páginas de destino localizadas: use un creador de sitios web sin código como Webflow para crear páginas de destino dedicadas para nuevos mercados. Pruebe diferentes mensajes, posicionamientos e imágenes para analizar cuál resuena mejor con cada nueva audiencia.

4. Fortalecimiento de su columna vertebral financiera

A medida que su negocio crece, es crucial administrar sus finanzas de manera efectiva. Las herramientas sin código pueden ayudarlo a automatizar sus procesos financieros y obtener una mejor comprensión de la salud financiera general de su startup.

- Automatice su facturación y contabilidad: herramientas como QuickBooks o Xero pueden ayudarlo a automatizar y simplificar su contabilidad, facturación y seguimiento de gastos.
- Proyecte sus finanzas: use plataformas sin código como Finmark para crear modelos financieros y proyectar sus ingresos, gastos y flujo de efectivo futuros. Esto lo ayudará a comprender mejor la salud financiera de su startup y tomar decisiones informadas sobre contratación, recaudación de fondos y asignación de recursos.

5. Respondiendo al Cambio

No importa qué tan bien planee, es probable que el entorno empresarial siempre le arroje sorpresas. Ser ágil y adaptarse rápidamente a los cambios puede ser la clave para un crecimiento continuo.

- Repita y mejore continuamente su producto: use herramientas sin código como Bubble o Adalo para realizar actualizaciones y mejoras continuas en su producto sin necesidad de depender de los desarrolladores.
- Supervise a su competencia: Manténgase por delante de sus competidores mediante el seguimiento de sus estrategias de marketing y ofertas de productos. Utilice herramientas como SimilarWeb y BuiltWith para evaluar su presencia digital y su pila tecnológica.

Al aprovechar las herramientas sin código e implementar estrategias para el crecimiento, puede escalar rápidamente su inicio sin la necesidad de amplios recursos técnicos o conocimientos. A medida que su negocio crece, es esencial iterar, adaptar y optimizar continuamente. Invertir en herramientas sin código no solo le permite responder rápidamente a los cambios, sino que también libera recursos para concentrarse en las áreas que impulsarán el mayor crecimiento de su negocio.

10. Estudios de casos: Historias de éxito de MVP sin código en el mundo real

Estudio de caso 1: Aplicaciones Glide: creación de un directorio de empresas locales

El problema

Joe, un aspirante a empresario, reconoció una brecha en el mercado de un directorio de empresas locales que podría ayudar a las personas a encontrar y apoyar a las pequeñas empresas en su ciudad durante la pandemia de COVID-19. Había notado que muchos residentes luchaban por encontrar tiendas locales y proveedores de servicios en medio del declive de los directorios impresos y el surgimiento de plataformas de comercio electrónico más grandes.

La idea

Joe decidió crear un directorio digital que compilaría información sobre negocios locales, facilitando a los usuarios encontrarlos y contactarlos. Imaginó una aplicación móvil que incluía funciones como categorías, servicios basados en la ubicación y reseñas de clientes. Sin embargo,

Joe no tenía experiencia en codificación y tenía fondos limitados para subcontratar el proceso de desarrollo.

La solución MVP sin código

Después de descubrir Glide Apps, una plataforma de creación de aplicaciones sin código que permite a los usuarios crear aplicaciones móviles utilizando Hojas de cálculo de Google como base de datos, Joe decidió probarlo. Empezó recopilando una lista de empresas locales, su información de contacto y sus productos o servicios en una hoja de cálculo de Google.

Usando Glide Apps, Joe transformó rápidamente los datos de la hoja en un prototipo de aplicación funcional. Diseñó atractivas interfaces de usuario, agregó funcionalidades como filtrar empresas por categoría o ubicación e implementó un proceso de registro de usuarios para capturar correos electrónicos, introducir actualizaciones y recopilar reseñas.

El proceso de validación

Joe compartió el MVP de su directorio de empresas local con un pequeño grupo de amigos y conocidos, solicitando comentarios honestos sobre la usabilidad, el diseño y el concepto general de la aplicación. Los comentarios fueron abrumadoramente positivos, ya que la mayoría de los usuarios encontraron valor en la capacidad de descubrir y comunicarse fácilmente con pequeñas empresas en su área.

Con evidencia concreta de demanda e interés, Joe decidió expandir su aplicación a otros vecindarios y, en el proceso, atrajo ofertas de colaboración de organizaciones y empresas locales que apreciaron la visibilidad y el apoyo que brindaba su plataforma.

Escalando el MVP

A medida que Joe agregaba más negocios a su directorio y la base de usuarios crecía, continuó refinando la aplicación y agregando nuevas funciones según los comentarios de los usuarios. El uso de Glide Apps permitió actualizaciones simples y en tiempo real de la aplicación móvil sin necesidad de habilidades técnicas o procesos complejos.

Joe finalmente lanzó la versión completa de su aplicación Local Business Directory, que ofrece una versión gratuita y un modelo basado en suscripción con funciones adicionales, como notificaciones automáticas y promociones. Utilizando el éxito inicial de su MVP sin código, Joe atrajo inversores y sentó las bases para lanzar aplicaciones similares en otros pueblos y ciudades.

Conclusiones clave

La experiencia de Joe demuestra que las herramientas sin código como Glide Apps permiten a los aspirantes a emprendedores crear, probar y validar rápidamente ideas de negocios basadas en aplicaciones móviles. Aprovechar estas plataformas puede ayudarlo a:

- Cree un MVP funcional en un corto período de tiempo
- Pruebe su idea con usuarios reales y recopile comentarios significativos
- Iterar y refinar su producto sin limitaciones técnicas ni costosos procesos de desarrollo
- Atraer inversores y colaboradores con casos de éxito tangibles
- Escale su solución aprovechando una comunidad de entusiastas y socios que pueden ayudarlo a hacer realidad su idea de inicio

10. Estudios de casos: Historias de éxito de MVP sin código en el mundo real

No hay mejor manera de aprender sobre el potencial de los MVP sin código que sumergirse en historias de éxito del mundo real. Estos estudios de casos demuestran el poder de las herramientas sin código para dar vida a ideas innovadoras de manera rápida, eficiente y sin necesidad de conocimientos técnicos. Echemos un vistazo a algunas de las historias de éxito de MVP sin código más inspiradoras de nuevas empresas y emprendedores de todo el mundo.

10.1 Sharetribe: la magia del mercado en línea

Sharetribe es un ejemplo perfecto de un MVP sin código que se expandió a un producto completo. Inicialmente, se concibió como un mercado en línea simple para compartir y comerciar localmente, un concepto que podría probarse y validarse con un MVP sin código.

El equipo detrás de Sharetribe usó Bubble, una plataforma de programación visual, para desarrollar su MVP. Pudieron crear un poderoso mercado en línea en cuestión de semanas al aprovechar la interfaz fácil de usar de Bubble y características como el diseño receptivo, el procesamiento de pagos y la integración de redes sociales. El éxito del MVP de Sharetribe validó rápidamente su idea y atrajo a usuarios e inversores iniciales.

Desde sus humildes comienzos de MVP sin código, Sharetribe se ha convertido en una plataforma de mercado en línea completa, que atiende a miles de empresarios y permite la creación de diversos mercados sin necesidad de un código personalizado.

10.2. Outseta: Ampliación con herramientas sin código

Outseta es un producto SaaS (software como servicio) que proporciona a las empresas emergentes en etapa inicial una solución todo en uno para CRM, facturación de suscripciones y automatización de marketing. Los fundadores eran conscientes de la necesidad urgente de probar y validar su idea en el mercado SaaS altamente competitivo.

El equipo recurrió a herramientas sin código como Zapier, Airtable, Carrd y Typeform para crear un MVP perfecto y completamente funcional en un tiempo récord. Mediante el uso de estas herramientas, podrían automatizar flujos de trabajo esenciales, realizar un seguimiento del comportamiento de los usuarios, generar informes y validar suposiciones cruciales del producto sin gastar recursos en código personalizado.

El exitoso MVP sin código les permitió iterar rápidamente, adaptarse a los comentarios y, en última instancia, escalar su negocio a nuevas alturas. Ahora, Outseta disfruta de una base de usuarios dedicada, un conjunto de potentes funciones y una sólida posición en el mercado.

10.3. Voiceflow: de la idea a la adquisición

Voiceflow, una plataforma para diseñar y crear aplicaciones de voz y chatbot, comenzó como una idea para hacer que el diseño de voz fuera más accesible para quienes no son desarrolladores. Los fundadores decidieron aprovechar las herramientas sin código para crear un MVP para probar su producto rápidamente y atraer a los primeros usuarios.

El equipo de Voiceflow utilizó Adalo, un creador de aplicaciones sin código, para crear su MVP y ponerlo en funcionamiento. Gracias a la interfaz fácil de usar y las capacidades de personalización de Adalo, crearon un MVP que brindó una experiencia de usuario excepcional y demostró las posibilidades del diseño de voz.

El MVP sin código llamó la atención de los inversionistas, y el equipo de Voiceflow finalmente obtuvo más de $ 4 millones en fondos. En la actualidad, Voiceflow tiene miles de usuarios activos y ProtoPie adquirió la empresa, lo que demuestra aún más el potencial de los MVP sin código para impulsar el éxito de las empresas emergentes.

10.4 Quotr: Optimización del proceso de ventas

Quotr es una startup enfocada en simplificar el proceso de cotización de ventas para pequeñas y medianas empresas. En lugar de contratar desarrolladores y pasar meses creando un producto, los fundadores crearon un MVP utilizando Webflow, una herramienta de desarrollo de sitios web accesible y poderosa sin código.

El equipo de Quotr aprovechó la funcionalidad de Webflow para crear una interfaz de usuario rápida, receptiva y visualmente atractiva que pudiera demostrar de manera efectiva el valor de la herramienta de cotización a los clientes potenciales. En solo unas pocas semanas, tenían un MVP completamente funcional y comenzaron a incorporar a los primeros usuarios.

El MVP sin código permitió a Quotr validar rápidamente su idea, adaptarse rápidamente a los comentarios de los usuarios y comenzar a construir su marca en el espacio tecnológico de ventas altamente competitivo.

Lecciones de historias de éxito del mundo real

Los MVP sin código han permitido que estas nuevas empresas prueben y validen sus ideas con un riesgo financiero mínimo y recursos limitados. Estos ejemplos demuestran las posibilidades que las herramientas sin código pueden ofrecer a los emprendedores, validando ideas, iterando rápidamente y, en última instancia, creando negocios exitosos y escalables. Los empresarios que buscan seguir los pasos de estas nuevas empresas deben considerar adoptar herramientas y estrategias sin código para lanzar su MVP e iniciar su viaje comercial.

10.1 Historia de éxito de MVP sin código: Aplicaciones sin código de Tara Reed

Fondo

Tara Reed es una empresaria con sede en Detroit que ha creado y lanzado con éxito una serie de negocios rentables basados en aplicaciones sin escribir una sola línea de código. Hizo esto utilizando la metodología MVP sin código y ahora está enseñando a otros aspirantes a empresarios sus secretos del éxito a través de su plataforma, "Aplicaciones sin código".

En este estudio de caso, profundizaremos en cómo Tara convirtió una de sus ideas únicas en un negocio rentable utilizando herramientas y metodologías sin código.

La idea: Kolecto

A Tara se le ocurrió la idea de Kollecto , una aplicación de asesoramiento sobre arte asequible y personalizada, cuando se dio cuenta de que quería encontrar y comprar arte para su hogar, pero descubrió que el proceso de búsqueda y selección de arte era abrumador.

Sabía que debía haber otras personas que enfrentaran el mismo problema, por lo que decidió crear una solución que brindara acceso a curadores de arte que pudieran ayudar a encontrar y recomendar piezas de arte con un presupuesto limitado.

Construyendo el MVP sin código

Para validar su idea de inicio, Tara primero creó una página de destino usando Strikingly que comunicaba la propuesta de valor de Kollecto e incluía un simple llamado a la acción "Comenzar".

La página de destino sirvió para recopilar direcciones de correo electrónico de usuarios interesados que buscaban una experiencia de compra de arte seleccionada, lo que le permitió validar si realmente había demanda para su negocio.

Para probar aún más su idea, Tara usó Typeform para crear un cuestionario que preguntaba a los usuarios potenciales sobre sus preferencias de arte, presupuesto y el nivel de personalización que querían para sus sugerencias de arte seleccionadas.

Una vez que reunió suficientes respuestas, Tara subcontrató el aspecto de curación a un grupo de expertos en arte que encontró en sitios web independientes como Upwork . Los curadores de arte analizarían las respuestas enviadas por los usuarios y luego enviarían recomendaciones de arte personalizadas por correo electrónico.

Inicialmente, el servicio se ofreció de forma gratuita, ya que Tara continuó iterando sobre la experiencia del usuario y comprendiendo mejor las necesidades y preferencias de sus usuarios.

Validando la idea

A medida que crecía el número de usuarios y los comentarios se volvían cada vez más positivos, Tara decidió monetizar Kollecto implementando un modelo de suscripción. Al cobrar una tarifa mensual, ahora podía probar si los usuarios estaban dispuestos a pagar por las recomendaciones de arte personalizadas.

Para implementar el modelo de suscripción, Tara usó una herramienta sin código llamada Zapier para conectar su cuestionario Typeform con un procesador de pagos como Stripe, PayPal o Square . Esto le permitió cobrar pagos sin ninguna intervención manual y escalar su negocio de manera más eficiente.

Kollecto siguió creciendo y Tara comenzó a experimentar con diferentes niveles de precios para ver cuál funcionaba mejor para optimizar los ingresos y la satisfacción del cliente. A los usuarios se les dio la opción de seleccionar un plan de membresía basado en sus necesidades de compra de arte, y Tara pronto descubrió el punto óptimo en términos de precios que maximizaban los ingresos mientras mantenían el servicio accesible para una amplia gama de entusiastas del arte.

Escalando el negocio

La versión MVP sin código de Kollecto ya estaba logrando un gran éxito, pero Tara quería llevarla al siguiente nivel.

Para hacer esto, decidió crear una aplicación Kollecto real que brindaría a los usuarios una experiencia más fluida y visualmente atractiva. Mediante el uso de plataformas de desarrollo de aplicaciones sin código como Bubble y Thunkable , Tara pudo crear una aplicación totalmente funcional adaptada a las necesidades de sus usuarios sin necesidad de contratar costosos desarrolladores de software.

La aplicación finalmente ayudó a Kollecto a crecer aún más y convertirse en el negocio exitoso que es hoy.

Lecciones aprendidas

A través de su experiencia con Kollecto, Tara Reed ha demostrado el poder de la metodología MVP sin código. Al comenzar poco a poco y usar herramientas sin código fácilmente disponibles, Tara pudo validar su idea, probar sus suposiciones y escalar su negocio sin necesidad de escribir una sola línea de código.

La historia de éxito de Tara sirve como un excelente ejemplo de lo que se puede lograr cuando los empresarios adoptan la mentalidad sin código y se enfocan en las necesidades del cliente en lugar de las limitaciones técnicas.

Como resultado, Tara ahora enseña la metodología MVP sin código a los aspirantes a empresarios a través de su plataforma en línea, "Aplicaciones sin código", lo que permite que otros sigan sus pasos y rápidamente den vida a sus propias ideas de negocios.

Estudio de caso 1: Tubería:
Construcción de una plataforma Fintech

Background Pipe es una plataforma innovadora que permite a las empresas comercializar sus flujos de ingresos recurrentes en un mercado. En términos simples, Pipe ayuda a las empresas a recibir pagos más rápido al transformar sus suscripciones de SaaS en ingresos iniciales. La plataforma es beneficiosa tanto para las empresas que buscan flexibilidad en el flujo de efectivo como para los inversores que buscan oportunidades de inversión con rendimientos fijos y recurrentes.

El problema Los fundadores de Pipe, Harry Hurst, Josh Mangel y Zain Allarakhia, identificaron una importante necesidad de que las empresas obtengan un mayor control sobre sus flujos de efectivo. Tradicionalmente, este tipo de flexibilidad financiera solo se podía lograr asumiendo deuda o vendiendo acciones de la empresa. Ambas opciones tienen inconvenientes, como la posibilidad de perder el control del negocio o verse abrumado por una deuda a largo plazo.

El MVP sin código Para probar rápidamente el concepto sin invertir tiempo y dinero en procesos de desarrollo tradicionales, el equipo fundador de Pipe recurrió a herramientas sin código. Sin antecedentes técnicos, necesitaban una forma de crear un Producto Mínimo Viable (MVP) para validar su idea y atraer clientes iniciales.

Usando herramientas como Bubble, Airtable y Zapier, el equipo logró construir un MVP completamente funcional en solo diez semanas. Esto les permitió demostrar las capacidades de la plataforma a los usuarios, inversores y partes interesadas sin grandes inversiones financieras o de tiempo.

Estas herramientas permitieron al equipo de Pipe crear e iterar su MVP, centrándose en funciones como:

- Autenticación segura y gestión de usuarios
- Entrada y gestión de datos para flujos de ingresos
- Ejecución y gestión de operaciones
- Informes y análisis financieros

Los resultados Con su MVP sin código, el equipo de Pipe pudo validar su idea rápidamente y asegurar una base de usuarios que brinda comentarios valiosos para la mejora continua del producto. Como resultado, también pudieron atraer importantes inversiones y asociaciones.

En menos de dos años, Pipe ha recaudado más de $66 millones en fondos y ha atraído a importantes inversores, incluidos Shopify, Slack y HubSpot. La valoración reciente de la empresa superó la marca de los 2.000 millones de dólares, lo que la convierte en una de las historias de éxito sin código más exitosas.

Lecciones aprendidas

Esta excepcional historia de éxito muestra el poder de los MVP sin código para dar vida rápidamente a ideas innovadoras. Los puntos clave para los aspirantes a empresarios son:

1. **Velocidad:** crear un MVP rápidamente le permite probar su idea e iterar, lo que reduce el tiempo de comercialización y el riesgo de desperdiciar recursos en un producto que puede no tener tracción.
2. **Flexibilidad:** con herramientas sin código, puede permanecer ágil y ajustar continuamente su producto para satisfacer las necesidades de los usuarios de manera efectiva.
3. **Riesgo reducido:** barreras de entrada más bajas (se requieren menos habilidades técnicas y una inversión financiera inicial mínima) significa que puede probar

ideas innovadoras sin poner en riesgo todo su negocio.

Estudio de caso 2: Audiencia salvaje: revolucionando la automatización del marketing

Antecedentes Wild Audience es una plataforma de automatización de marketing que ayuda a las empresas a crear recorridos de clientes personalizados y automatizados. Mediante el seguimiento del comportamiento, la plataforma recomienda contenido y ofertas relevantes a cada visitante del sitio web, lo que resulta en mejores experiencias de usuario y mayores conversiones.

El problema Bastian Ernst, el fundador de Wild Audience, vio la necesidad de mejorar la eficiencia y la eficacia del marketing de contenidos. Él creía que las empresas deberían poder entregar contenido específico que realmente resonara con los visitantes del sitio web, en lugar de depender únicamente de información genérica y llamadas a la acción.

El MVP sin código Al igual que Pipe, el MVP de Wild Audience se creó utilizando herramientas sin código. Bastian comenzó con una versión simple creada con PipeDrive, que ofrece un servicio básico para ayudar a las empresas a mejorar sus esfuerzos de marketing. A medida que recopilaba comentarios de los clientes iniciales, poco a poco fue agregando funciones al producto.

Para crear una solución de marketing MVP más sofisticada, Bastian usó una combinación de herramientas sin código, que incluyen:

- Typeform para crear formularios interactivos y capturar las respuestas de los usuarios
- Zapier para integrar y automatizar flujos de trabajo entre aplicaciones
- Hojas de cálculo de Google para almacenar datos de clientes y realizar un seguimiento de las métricas de rendimiento
- ConvertKit para automatizar campañas de email marketing

Los resultados A medida que el MVP de Wild Audience ganaba terreno, Bastian pudo asegurar un número creciente de usuarios y recopilar continuamente comentarios para mejorar. Wild Audience ahora atiende a clientes en todo el mundo, y sus clientes han informado resultados impresionantes, como un aumento de hasta el 50% en los ingresos de los clientes directamente atribuibles a la plataforma.

Lecciones aprendidas

La historia de éxito de MVP sin código de Wild Audience demuestra el poder de usar herramientas simples pero poderosas para probar una idea de una manera rentable. Los aspirantes a empresarios pueden aprender de los siguientes puntos clave:

1. **Desarrollo iterativo:** a través de comentarios y mejoras continuos, puede mantener a los usuarios comprometidos y convertir su MVP en un producto próspero y exitoso.
2. **Integración:** el uso efectivo de herramientas sin código puede permitir un flujo de datos sin interrupciones entre aplicaciones y crear un producto poderoso e interconectado.

3. **Mentalidad Lean Startup:** al centrarse únicamente en las funciones que proporcionan valor real a los usuarios, puede garantizar la eficiencia y evitar desperdiciar recursos en funciones innecesarias.

Como demuestran estos estudios de casos, un MVP sin código tiene el poder de transformar ideas en negocios exitosos. Al utilizar las herramientas adecuadas y adoptar una mentalidad centrada en el usuario, puede emular este éxito y crear una startup que realmente resuene con su público objetivo.

Estudio de caso n.º 1: Sharetribe: creación de mercados en línea

Sharetribe es un ejemplo por excelencia de una exitosa puesta en marcha sin código que permite a los usuarios crear y lanzar sus propios mercados en línea sin ninguna habilidad de codificación. La plataforma está diseñada para agilizar el proceso de creación de aplicaciones web modernas que funcionan como un mercado para varios tipos de negocios, como el alquiler, la venta y la compra de bienes o servicios.

El problema

Antti Virolainen y Juho Makkonen, los fundadores de Sharetribe, identificaron un problema al que se enfrentaban muchos emprendedores: construir y lanzar un mercado en línea era un asunto complejo y desalentador, que a menudo implicaba costosas inversiones para contratar desarrolladores o subcontratar el proceso de desarrollo.

Muchos empresarios con grandes ideas para los mercados en línea se vieron disuadidos por los costos y la experiencia técnica necesaria y, como resultado, lucharon por convertir sus ideas en realidad o validar sus conceptos antes de comprometerse por completo con el desarrollo.

La solución

Con la visión de hacer que el proceso de creación de mercados en línea sea accesible y sin complicaciones para los empresarios, nació Sharetribe. Los fundadores se propusieron construir una plataforma que simplificaría el proceso y permitiría a los usuarios crear sus propios mercados sin necesidad de conocimientos de codificación. Usaron varias herramientas sin código y crearon un MVP para probar su concepto.

Las herramientas sin código

Para construir la plataforma Sharetribe, Antti y Juho utilizaron algunas herramientas populares sin código, que ayudaron a ahorrar tiempo y recursos, además de mantener los costos al mínimo. Algunas de estas herramientas incluyen:

1. **Bubble** : una plataforma de desarrollo web visual que permite a los usuarios crear aplicaciones web completamente funcionales sin escribir ningún código. Bubble se utilizó como marco de desarrollo

principal para crear la interfaz y el backend de Sharetribe.

2. **Zapier** : una herramienta que ofrece una integración API perfecta entre diferentes aplicaciones web sin necesidad de codificación. Zapier se utilizó para conectar la plataforma de Sharetribe a servicios externos como pasarelas de pago, herramientas de automatización de correo electrónico y plataformas de redes sociales.

3. **Airtable** : una poderosa herramienta de gestión de bases de datos y hojas de cálculo que se utiliza para tareas internas, como la gestión de datos de clientes, la planificación de contenido y la gestión de proyectos dentro del equipo de Sharetribe.

Los resultados

Sharetribe ganó terreno rápidamente entre los empresarios que buscaban crear sus propios mercados en línea. Al ofrecer una solución rentable y fácil de usar que permitía a los usuarios crear y lanzar mercados sin una gran experiencia técnica o inversión, Sharetribe pudo validar su modelo comercial y convertir la plataforma en un negocio rentable.

Hoy, Sharetribe impulsa miles de mercados en línea en todo el mundo, ayudando a los empresarios a dar vida a sus ideas, todo sin escribir una sola línea de código.

Conclusiones clave

La historia de Sharetribe muestra que el movimiento sin código no se limita solo a los MVP, sino que también puede impulsar negocios completos y exitosos. Usando herramientas sin código, los fundadores de Sharetribe crearon prototipos y validaron rápidamente su concepto de mercado, demostrando que es posible cambiar la forma en que operan las empresas y atender a su público objetivo.

Para los empresarios que buscan construir sus nuevas empresas utilizando herramientas sin código, las lecciones clave del éxito de Sharetribe incluyen:

1. Concéntrese en identificar y comprender el problema que está tratando de resolver. En el caso de Sharetribe, los fundadores eran muy conscientes de los desafíos que enfrentaban los empresarios al lanzar un mercado en línea, lo que les permitió desarrollar una plataforma que resolvió ese problema con gran precisión.
2. Elija las herramientas sin código adecuadas que se adapten a sus necesidades y lo ayuden a crear de manera eficiente el producto que está imaginando. No tenga miedo de mezclar y combinar herramientas para crear una solución personalizada para su negocio.
3. Nunca subestimes el poder de las herramientas sin código. Muchos negocios exitosos se han construido utilizando plataformas sin código, y adoptarlas puede ayudar a ahorrar tiempo, recursos y proporcionar una base sólida para el crecimiento futuro de su negocio.

Derechos de autor y renuncias de contenido:

Descargo de responsabilidad del contenido asistido por IA:
El contenido de este libro se ha generado con la ayuda de modelos de lenguaje de inteligencia artificial (IA) como CHatGPT y Llama. Si bien se han realizado esfuerzos para garantizar la precisión y relevancia de la información provista, el autor y el editor no ofrecen garantías con respecto a la integridad, confiabilidad o idoneidad del contenido para un propósito específico. El contenido generado por IA puede contener errores, inexactitudes o información desactualizada, y los lectores deben tener cuidado y verificar de forma independiente cualquier información antes de confiar en ella. El autor y el editor no se hacen responsables de las consecuencias que surjan del uso o la confianza en el contenido generado por IA en este libro.

Descargo de responsabilidad general:
Usamos herramientas de generación de contenido para crear este libro y obtenemos una gran cantidad de material de herramientas de generación de texto. Ponemos a disposición material y datos financieros a través de nuestros Servicios. Para hacerlo, confiamos en una variedad de fuentes para recopilar esta información. Creemos que estas son fuentes confiables, creíbles y precisas. Sin embargo, puede haber ocasiones en que la información sea incorrecta.
NO HACEMOS DECLARACIONES NI DECLARACIONES EN CUANTO A LA EXACTITUD, INTEGRIDAD O VERACIDAD DE CUALQUIER MATERIAL CONTENIDO EN NUESTRO libro.
TAMPOCO SEREMOS RESPONSABLES DE CUALQUIER ERROR, INEXACTITUD U OMISIÓN, Y RENUNCIAMOS ESPECÍFICAMENTE CUALQUIER GARANTÍA IMPLÍCITA O COMERCIABILIDAD O IDONEIDAD PARA CUALQUIER FIN EN

PARTICULAR Y EN NINGÚN CASO SEREMOS RESPONSABLES DE CUALQUIER PÉRDIDA DE BENEFICIOS O CUALQUIER OTRO DAÑO COMERCIAL O A LA PROPIEDAD, INCLUYENDO PERO NO LIMITADO A DAÑOS ESPECIALES, INCIDENTALES, CONSECUENTES U OTROS; O POR RETRASOS EN EL CONTENIDO O EN LA TRANSMISIÓN DE LOS DATOS DE NUESTRO LIBRO, O QUE EL LIBRO SIEMPRE ESTARÁ DISPONIBLE.

Además de lo anterior, es importante tener en cuenta que los modelos de lenguaje como ChatGPT se basan en técnicas de aprendizaje profundo y se han entrenado en grandes cantidades de datos de texto para generar texto similar al humano. Estos datos de texto incluyen una variedad de fuentes, como libros, artículos, sitios web y mucho más. Este proceso de entrenamiento permite que el modelo aprenda patrones y relaciones dentro del texto y genere resultados que sean coherentes y contextualmente apropiados.

Los modelos de idioma como ChatGPT se pueden usar en una variedad de aplicaciones, que incluyen, entre otras, servicio al cliente, creación de contenido y traducción de idiomas. En el servicio de atención al cliente, por ejemplo, los modelos lingüísticos se pueden utilizar para responder a las consultas de los clientes de forma rápida y precisa, lo que libera a los agentes humanos para que se encarguen de tareas más complejas. En la creación de contenido, los modelos de lenguaje se pueden usar para generar artículos, resúmenes y subtítulos, lo que ahorra tiempo y esfuerzo a los creadores de contenido. En la traducción de idiomas, los modelos de idiomas pueden ayudar a traducir texto de un idioma a otro con gran precisión, lo que ayuda a romper las barreras del idioma.

Sin embargo, es importante tener en cuenta que, si bien los modelos de lenguaje han logrado grandes avances en la generación de texto similar al humano, no son perfectos.

Todavía existen limitaciones en la comprensión del contexto y el significado del texto por parte del modelo, y puede generar resultados incorrectos u ofensivos. Como tal, es importante usar los modelos de lenguaje con precaución y verificar siempre la precisión de los resultados generados por el modelo.

Descargo de responsabilidad financiera

Este libro está dedicado a ayudarlo a comprender el mundo de las inversiones en línea, eliminar cualquier temor que pueda tener sobre cómo comenzar y ayudarlo a elegir buenas inversiones. Nuestro objetivo es ayudarlo a tomar el control de su bienestar financiero al brindarle una sólida educación financiera y estrategias de inversión responsable. Sin embargo, la información contenida en este libro y en nuestros servicios es solo para fines educativos y de información general. No pretende sustituir el asesoramiento legal, comercial y/o financiero de un profesional con licencia. El negocio de la inversión en línea es un asunto complicado que requiere una diligencia debida financiera seria para cada inversión a fin de tener éxito. Le recomendamos enfáticamente que busque los servicios de profesionales calificados y competentes antes de realizar cualquier inversión que pueda afectar sus finanzas. Esta información se proporciona en este libro, incluida la forma en que se hizo, denominados colectivamente como los "Servicios".

Tenga cuidado con su dinero. Solo use estrategias con las que ambos entiendan los riesgos potenciales y se sientan cómodos. Es su responsabilidad invertir sabiamente y salvaguardar su información personal y financiera.

Creemos que tenemos una gran comunidad de inversionistas que buscan lograr y ayudarse mutuamente a lograr el éxito financiero a través de la inversión. En consecuencia animamos a la gente a comentar en nuestro blog y posiblemente en el futuro nuestro foro. Muchas personas contribuirán en este asunto, sin embargo, habrá momentos en que las personas proporcionen información engañosa, engañosa o incorrecta, sin quererlo o no.

NUNCA debe confiar en la información u opiniones que lea en este libro, o cualquier libro al que podamos vincularnos. La información que lea aquí y en nuestros servicios debe usarse como punto de partida para su PROPIA INVESTIGACIÓN en varias empresas y estrategias de inversión para que pueda tomar una decisión informada sobre dónde y cómo invertir su dinero.

NO GARANTIZAMOS LA VERACIDAD, CONFIABILIDAD O INTEGRIDAD DE CUALQUIER INFORMACIÓN PROPORCIONADA EN LOS COMENTARIOS, FORO U OTRAS ÁREAS PÚBLICAS DEL libro O EN CUALQUIER HIPERVÍNCULO QUE APARECE EN NUESTRO libro.

Nuestros Servicios se brindan para ayudarlo a comprender cómo tomar buenas decisiones financieras personales y de inversión. Usted es el único responsable de las decisiones de inversión que tome. No seremos responsables de ningún error u omisión en el libro, incluidos los artículos o publicaciones, los hipervínculos incrustados en los mensajes o los resultados obtenidos del uso de dicha información. Tampoco seremos responsables de ninguna pérdida o daño, incluidos los daños emergentes, si los hubiere, causados por la confianza del lector en la información obtenida a través del uso de nuestros Servicios. Por favor, no utilice nuestro libro si no acepta la responsabilidad por sus acciones.

La Comisión de Bolsa y Valores de EE. UU. (SEC) ha publicado información adicional sobre el fraude cibernético para ayudarlo a reconocerlo y combatirlo de manera efectiva. También puede obtener ayuda adicional sobre esquemas de inversión en línea y cómo evitarlos en los siguientes libros: http://www.sec.gov y http://www.finra.org, y http://www.nasaa.org estas son organizaciones creadas para ayudar a proteger a los inversores en línea.

Si elige ignorar nuestros consejos y no realiza una investigación independiente de las diversas industrias, empresas y acciones, tiene la intención de invertir y depender únicamente de la información, los "consejos" o las opiniones que se encuentran en nuestro libro; acepta que ha hecho una decisión consciente y personal de su propia voluntad y no intentará responsabilizarnos por los resultados de la misma bajo ninguna circunstancia. Los Servicios ofrecidos en este documento no tienen el propósito de actuar como su asesor de inversiones personal. No conocemos todos los datos relevantes sobre usted y/o sus necesidades individuales, y no declaramos ni afirmamos que ninguno de nuestros Servicios sea adecuado para sus necesidades. Debe buscar un asesor de inversiones registrado si busca asesoramiento personalizado.

Enlaces a otros sitios. También podrá vincular a otros libros de vez en cuando, a través de nuestro Sitio. No tenemos ningún control sobre el contenido o las acciones de los libros a los que enlazamos y no seremos responsables de nada que ocurra en relación con el uso de dichos libros. La inclusión de cualquier enlace, a menos que se indique expresamente lo contrario, no debe verse como un respaldo o recomendación de ese libro o las opiniones expresadas en él. Usted, y solo usted, es responsable de hacer su propia diligencia debida en cualquier libro antes de hacer negocios con ellos.

Exenciones de responsabilidad y limitaciones: bajo ninguna circunstancia, incluida, entre otras, la negligencia, nosotros, nuestros socios, si los hubiere, o cualquiera de nuestras afiliadas, seremos responsables, directa o indirectamente, de cualquier pérdida o daño, que surja de, o en relación con, el uso de nuestros Servicios, incluidos, entre otros, daños directos, indirectos, consecuentes, inesperados, especiales, ejemplares u otros que puedan resultar, incluidos, entre otros, pérdidas económicas, lesiones, enfermedades o muerte o cualquier otro tipo de pérdida o daño, o reacciones inesperadas o adversas a las sugerencias contenidas en este documento o que de otro modo se le hayan causado o supuestamente se le hayan causado en relación con el uso de cualquier consejo, bienes o servicios que reciba en el Sitio, independientemente de la fuente, o cualquier otro libro que haya visitado a través de enlaces de nuestro libro, incluso si se le advierte de la posibilidad de tales daños.

Es posible que la ley aplicable no permita la limitación o exclusión de responsabilidad o daños incidentales o consecuentes (incluidos, entre otros, la pérdida de datos), por lo que es posible que la limitación o exclusión anterior no se aplique a usted. Sin embargo, en ningún caso la responsabilidad total hacia usted por todos los daños, pérdidas y causas de acción (ya sea por contrato, agravio o de otro tipo) excederá la cantidad que nos pagó, si corresponde, por el uso de nuestro Servicios, si los hubiere. Y al usar nuestro Sitio, usted acepta expresamente no tratar de responsabilizarnos por las consecuencias que resulten de su uso de nuestros Servicios o la información proporcionada en ellos, en cualquier momento o por cualquier motivo, independientemente de las circunstancias.

Descargo de responsabilidad de resultados específicos. Estamos dedicados a ayudarlo a tomar el control de su bienestar financiero a través de la educación y la inversión. Brindamos estrategias, opiniones, recursos y otros Servicios que están diseñados específicamente para reducir el ruido y la exageración para ayudarlo a tomar mejores decisiones de inversión y finanzas personales. Sin embargo, no hay forma de garantizar que ninguna estrategia o técnica sea 100% efectiva, ya que los resultados variarán según el individuo y el esfuerzo y compromiso que haga para lograr su objetivo. Y, lamentablemente, no te conocemos. Por lo tanto, al usar y/o comprar nuestros servicios, usted acepta expresamente que los resultados que recibe del uso de esos Servicios dependen exclusivamente de usted. Además, también acepta expresamente que todos los riesgos de uso y las consecuencias de dicho uso serán asumidos exclusivamente por usted. Y que no intentará responsabilizarnos en ningún momento ni por ningún motivo, independientemente de las circunstancias.

Según lo estipulado por la ley, no podemos y no ofrecemos ninguna garantía sobre su capacidad para lograr resultados particulares mediante el uso de cualquier Servicio adquirido a través de nuestro libro. Nada en esta página, nuestro libro o cualquiera de nuestros servicios es una promesa o garantía de resultados, incluido que ganará una cantidad de dinero en particular o cualquier cantidad de dinero, también comprende que todas las inversiones conllevan algún riesgo y en realidad puede perder dinero mientras invierte. En consecuencia, los resultados indicados en nuestro libro, en forma de testimonios, estudios de casos u otros, son solo ilustrativos de conceptos y no deben considerarse resultados promedio o promesas de desempeño real o futuro.

únicamente con fines ilustrativos y no garantizan que los lectores obtengan resultados similares. El éxito individual en el comercio depende de varios factores, incluida la situación financiera personal, la tolerancia al riesgo y la capacidad de aplicar de manera consistente las estrategias y técnicas discutidas.